Eva Danner | Beate Vogel

Mit Krippenkindern durch das Jahr!

15 kleine Projekte für Kinder unter 3

Verlag an der Ruhr

Impressum

Titel
Mit Krippenkindern durch das Jahr! Bd. 3
15 kleine Projekte für Kinder unter 3

Autorinnen
Eva Danner, Beate Vogel

Fotos im Innenteil
Eva Danner, Beate Vogel

Titelbildmotiv
Eva Danner, Beate Vogel und © Elena Schweitzer – shutterstock.com

Umschlaggestaltung
Magdalene Krumbeck, Wuppertal

Innengestaltung
Margit Dittes, Hamburg

Lektorat
Nicola Steinmeyer

Verlag an der Ruhr
Mülheim an der Ruhr
www.verlagruhr.de

Geeignet für Kinder von 1 – 3 Jahren

Unser Beitrag zum Umweltschutz
Wir sind seit 2008 ein ÖKOPROFIT®-Betrieb und setzen uns damit aktiv für den Umweltschutz ein. Das ÖKOPROFIT®-Projekt unterstützt Betriebe dabei, die Umwelt durch nachhaltiges Wirtschaften zu entlasten. Unsere Produkte sind grundsätzlich auf chlorfrei gebleichtem und nach Umweltschutz standards zertifiziertem Papier gedruckt.

ISBN 978-3-8346-2558-8

Printed in Germany

Inhalt

Ein paar Worte vorab …

Liebe Leserinnen und Leser,
der dritte Band unserer Reihe „Mit Krippenkindern durch das Jahr" beinhaltet wieder 15 kleine Projekte für Ihre Jüngsten, die sich für ein ganzes Jahr eignen.

Krippenkinder sind kleine, wunderbare Persönlichkeiten mit eigenen Vorlieben und Interessen. Neugierig und aufmerksam machen sie sich auf den Weg, die Welt zu erkunden. Sie wollen alles kennenlernen und im wahrsten Sinne des Wortes begreifen. Mit allen Sinnen machen sie sich die Umwelt zu eigen: robbend, krabbelnd oder laufend – die Kleinen legen bei ihren täglichen Erkundungen eine unglaubliche Willensstärke an den Tag, die ihresgleichen sucht.

Sehen, riechen, hören, schmecken und fühlen, die Welt kann auf so vielfältige Weise erforscht werden. Schon die Allerkleinsten schauen mit großem Interesse einem Ball hinterher, wie er durch den Raum rollt. Sie versuchen, ihn zu fangen, zu berühren und zu erfahren, warum dieser so lustig an ihnen vorbeikullert.

Damit Kinder solche Erfahrungen machen können, bedarf es einer sicheren Umgebung mit vertrauten Bezugspersonen, die ihnen wertschätzend zur Seite stehen, die ihnen helfen, sich mit der Welt vertraut zu machen und sich darin zurechtzufinden. Schon die Jüngsten verfügen über ein unglaubliches Potenzial, das es zu nutzen und zu fördern gilt. Geben Sie den Kindern deshalb viel Zeit und Raum, ihren Bedürfnissen nachzukommen, und unterstützen Sie sie auf ihrem Weg zur Autonomie.

Die vorgestellten Projekte sind auf die **Bedürfnisse von Krippenkindern** abgestimmt und speziell für diese Altersgruppe konzipiert. Die Themen orientieren sich an den Interessen und der Lebenswelt der Kinder und ermöglichen ihnen, sowohl vorhandenes Wissen zu vertiefen als auch vielfältige, neue Erfahrungen unvoreingenommen machen zu können.

Die **Umsetzung** der einzelnen Inhalte ist meist ohne großen Aufwand zu realisieren. Wir haben darauf geachtet, dass Sie die Anregungen schnell und unkompliziert in Ihren Alltag einbeziehen können. Natürlich bedarf es auch hier einer gewissen Vorbereitungszeit vonseiten der Erzieherin/des Erziehers wie bei allen angeleiteten Beschäftigungen.

Ganzheitliches Lernen ist nachhaltiges Lernen, das Spaß macht. Nur wer sich mit Freude und Begeisterung an Neues heranwagt, kann unvoreingenommen Erfahrungen machen, die lange im Gedächtnis bleiben. Wer mit allen Sinnen die Welt entdeckt, hat die Möglichkeit, eine unendliche Vielfalt an Eindrücken zu sammeln. Aus diesem Grund sind alle 15 Projekte so angelegt, dass die Sinne der Kinder auf vielfältige Weise angeregt und gefördert werden.

Krippenkinder entdecken die Welt – mit Kopf, Hand und Herz und vor allen Dingen mit allen Sinnen.

Ein paar Worte vorab …

Jedes Projekt beinhaltet **fünf Angebote** aus den verschiedensten Bereichen, wobei gemeinsam gesungen, erzählt, gekocht, etwas betrachtet oder sich bewegt wird. Die Angebote variieren und sind auf das jeweilige Thema abgestimmt. Im Folgenden werden die verschiedenen Angebote kurz erläutert:

Alle Projekte beginnen mit einer kurzen **Geschichte,** die als **Einstieg** in die jeweilige Thematik verwendet oder auch einfach zwischendurch erzählt werden kann. Die Geschichten sind alle mit Materialangaben versehen, die es Ihnen ermöglichen, die Erzählung bildhaft darzustellen. Mit einfachen Materialien, die sich meist in jeder Kita finden oder mit wenig Aufwand herstellen lassen, können Sie eine Kulisse schaffen, in der Sie die Handlung nachspielen. Auf diese Weise können die Kleinen die Geschichten hören und sehen. Diese visuelle Unterstützung hilft den Kindern dabei, den Handlungsabläufen besser zu folgen. Außerdem werden die Erzählungen durch das Darstellen lebendig, was den Kindern viel Freude bereitet.

Lustige, farbenfrohe **Kreativangebote** stellen einen weiteren Bestandteil eines jeden Projektes dar. Dabei probieren die Kinder verschiedene Materialien aus und lernen sie so kennen. Sie schneiden Figuren aus Papier aus, malen mit Fingerfarben und sammeln vielfältige Erfahrungen mit diversen anderen Techniken. Bei Papierbasteleien sind einfache geometrische Formen Ausgangspunkt eines jeden Kreativangebotes, die von der Erzieherin/dem Erzieher vorbereitet werden. Die Kleinen schneiden dann Ecken ab, Kreise mittig durch oder von einem Streifen Stücke. Auf diese Weise werden Hauptfiguren oder wichtige Gegenstände der einzelnen Projektangebote gestaltet.

Fröhliche **Lieder** sind ebenfalls Teil dieses Buches. Neue einprägsame Texte zu bekannten traditionellen Melodien ermöglichen es, ohne langes Einüben die Lieder zu singen. Auf diese Weise wird die Musikalität der Kinder gefördert. Außerdem macht das gemeinsame Singen viel Spaß und schon die Allerkleinsten lauschen dem Gesang aufmerksam. Viele Lieder lassen sich mit Bewegungen oder mit Instrumenten begleiten, was einen zusätzlichen Anreiz schafft.

Die Verbindung von Sprache und Bewegung ist ein besonderes kindliches Bedürfnis. Aus diesem Grund sind viele **Finger-, Ganzkörper- und Bewegungsspiele** Bestandteile der Projekte. Leicht verständliche Texte, die mit einfachen Bewegungen kombiniert werden, fördern die Sprachentwicklung, Koordination und Feinmotorik.

Aktionsreiche **Bewegungsimpulse** animieren die Kleinen, sich körperlich zu betätigen. Dabei laden vielfältige Bewegungsstationen zum Ausprobieren ein. Die Kinder verbessern dabei spielerisch ihre Motorik und ihr Körpergefühl sowie ihre Ausdauer und Kondition.

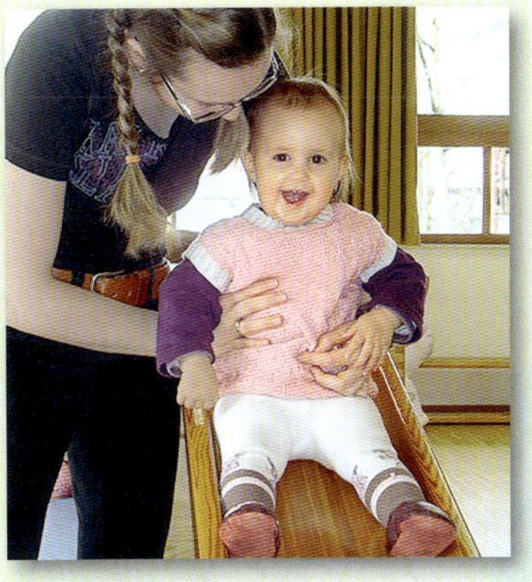

Ein paar Worte vorab …

Entspannende **Massagegeschichten** ermöglichen es den Kindern, zur Ruhe zu kommen, und laden dazu ein, den eigenen Körper intensiv zu spüren und wahrzunehmen.

Reime, Sprechverse, gemeinsames Kochen, Sinneserfahrungen, kleine Rituale oder **Sachbetrachtungen** runden die Projekte ab. Dabei nehmen die Kinder z. B. Naturmaterialien ganz genau unter die Lupe, experimentieren oder bereiten gemeinsam ein leckeres Menü zu.

Dieses Buch bietet Ihnen Ideen und Anregungen für ein ganzes Jahr. Sie können die bereits mehrfach in der Praxis erprobten Projekte, wenn gewünscht, erweitern oder verändern und so ganz den Interessen und Vorlieben Ihrer Kinder anpassen. Wie lange ein Projekt dauert, hängt von Ihnen ab.

Ein besonderes Anliegen ist es uns, an dieser Stelle noch einmal zu erwähnen, dass die hier vorgestellten Projekte ein zusätzliches Angebot für Ihre Krippenarbeit darstellen, jedoch nicht das tägliche freie Spiel ersetzen sollen. Eigenständiges Erproben und Experimentieren, das Wahrnehmen der Umwelt mit allen Sinnen, um sich jeden Tag ein Stück mehr mit der Welt vertraut zu machen, sollte immer einen Großteil der pädagogischen Arbeit ausmachen. Den Schnee im Winter zu fühlen, ist eine einzigartige Erfahrung, die man nicht in Büchern oder der Theorie findet. Den Duft der Blumen zu riechen, ist viel aufregender, als die bunte Blütenpracht nur durch eine Fensterscheibe zu betrachten. Kinder dürfen im Matsch spielen, sich schmutzig machen und einfach Kind sein. Die gezeigten Projekte stellen eine Bereicherung dar und sollen Ihnen die Möglichkeit geben, Themen aus der Lebenswelt der unter 3-Jährigen aufzugreifen und kindgerecht zu erarbeiten. Denn nur wer Dinge kennt, kann Vorlieben und Stärken dafür entwickeln und sich mutig Neuem und Unbekanntem gegenüber zeigen. Die Kombination von beidem, Freispiel und angeleiteten Impulsen, stellt eine optimale Förderung der Kleinsten dar und eröffnet ihnen eine neue, wunderbare Welt, die es täglich aufs Neue zu entdecken und zu erforschen gilt.

Wir wünschen Ihnen und Ihren Krippenkindern nun viel Freude beim Ausprobieren und Umsetzen der Themen, die es auf so vielerlei Weise zu entdecken gilt!

Eva Danner &
Beate Vogel

Eva Danner und **Beate Vogel** arbeiten gemeinsam in einem Kindergarten mit Kindern unter drei Jahren. Neben einer liebevollen Betreuung ist ihnen die Förderung der Kinder dieser Altersgruppe ein großes Anliegen. Im Verlag an der Ruhr bereits von ihnen erschienen:

Das kann ich schon!

Krippenkinder wollen und können vieles schon selbst tun. Sie sind kleine Persönlichkeiten mit einem enormen Potenzial. Wie oft haben wir diesen Satz schon gehört? *„Alleine machen!"* Bereits Kinder unter drei Jahren möchten viele Dinge selbst tun und lehnen mit zunehmendem Alter immer öfter die Hilfe von Erwachsenen ab. Sie probieren Neues aus, erkunden aktiv ihre Umwelt, experimentieren und erforschen. Sie erproben sich an Unbekanntem und wollen Vertrautes perfektionieren. Während sie anfangs beispielsweise mit einem Erwachsenen die Schere verwenden, möchten sie bald selbstständige Schneideversuche unternehmen. Beim Essen wollen die Jüngsten den Löffel lieber allein halten, anstatt gefüttert zu werden. Natürlich dauert es eine Weile, bis die Kleinen neue Fertigkeiten erwerben, und immer wieder gelingen Dinge nicht beim ersten Versuch. Dann landet das Essen vielleicht auf dem Lätzchen. Doch genau diese enorme Motivation gilt es, zu nutzen. Geben Sie Ihren Krippenkindern Zeit und Raum, sich zu erproben. Auch wenn es etwas länger dauert, so sind es für die Kleinen wichtige Schritte auf dem Weg zur Autonomie. Unterstützen Sie die Kinder dabei, selbstständig zu werden. Freuen Sie sich gemeinsam mit ihnen über Erfolgserlebnisse und begleiten Sie sie bei Fehlversuchen und Rückschlägen. Mit einer vertrauten Person an ihrer Seite können die Kleinen zu eigenständigen, selbstbewussten Persönlichkeiten heranreifen. Im folgenden Kapitel stellen wir Ihnen Projekte für kleine und größere Krippenkinder vor, an denen diese sich erproben und ausprobieren können.

Ich kann schon prima alleine essen.

In einer kurzen **Geschichte** lernen die Kinder die kleine Ida kennen und begleiten sie einen Tag lang bei ihren Aktivitäten in der Kita.

Bei einer **Massagegeschichte** dürfen die Kleinen entspannen und zur Ruhe kommen. Dabei verbessern sie ihre Körperwahrnehmung, indem sie ihren Körper bewusst spüren.

Bei einem **Kreativangebot** können sich die Jüngsten bei ersten Schneideversuchen erproben und schulen dabei ihre Motorik.

Ein fröhliches **Lied** animiert zum Mitsingen und Mitbewegen. Dabei benennen die Kinder die einzelnen Körperteile mit Namen.

Zwei einfach herzustellende **Spiele** fördern sowohl die Motorik als auch die Auge-Hand-Koordination der kleinen und größeren Krippenkinder.

Nun wünschen wir Ihnen und Ihren „kleinen Großen" viele tolle Augenblicke beim Erproben, Ausprobieren, Erforschen und Experimentieren.

Ida geht in die Kita

Die kleine Ida geht in die Kita. Gemeinsam mit ihren Freunden hat sie viel Spaß, denn dort kann sie viele tolle Dinge tun, z. B. mit einer Schere schneiden. Doch Schneiden will gelernt sein. Zum Glück hilft ihr Frau Kaiser, die nette Erzieherin, dabei. Nehmen Sie die Gegenstände aus der Materialliste und bringen Sie sie an passender Stelle in die Erzählung ein.

Das brauchen Sie zum Geschichtenspielen:

- Ida (Papier oder Puppe)
- Papier
- Buntstifte
- Schere
- Frau Kaiser (Sie selbst)
- Papierstreifen
- Umschlag

Ida ist zwei Jahre alt. Sie hat braune Haare und blaue Augen. In ihrem Gesicht sind viele Sommersprossen und wenn Ida lacht, dann sieht sie sehr lustig aus. Ida geht in die Kita. Dort gefällt es ihr gut, denn da sind viele Kinder, mit denen sie spielen kann. Sie bastelt oft tolle Sachen, geht turnen oder singt fröhliche Lieder. Heute möchte sie etwas basteln. Sie holt sich ein großes Blatt ***Papier****, einige* ***Buntstifte*** *und eine* ***Schere****. Dann setzt sie sich an den Tisch und beginnt, zu malen. Mit vielen Farben zeichnet sie ein schönes Bild. Als es fertig ist, will sie es ausschneiden. Sie nimmt die* ***Schere*** *in die Hand, weiß aber nicht, was sie damit anstellen soll. Ida versucht, sie zu öffnen. Dabei purzelt die Schere auf den Boden. „Oh!", sagt Ida, klettert vom Stuhl hinunter und legt die Schere zurück auf den Tisch. Sie weiß nicht, wie man mit einer Schere schneidet. Also hält sie sie mit beiden Händen fest und zieht daran. „Juhu", freut sie sich, „die Schere ist auf!" Ida versucht, das Papier hineinzustecken. Doch es geht nicht. Stattdessen fällt das Papier auf den Boden. „Da sind Löcher drin", sagt Ida. „Vielleicht ist sie kaputt?", denkt sie und ruft ihre Erzieherin* ***Frau Kaiser****. „Die Schere ist kaputt. Sie hat Löcher", sagt Ida und Frau Kaiser muss fast ein bisschen schmunzeln. „Die Schere ist nicht kaputt. Man steckt seine Finger in die Löcher!", erklärt sie. „Wenn du willst, dann zeige ich es dir."„Ja! Zeigen!" Ida kann es kaum erwarten, endlich schneiden zu können. Frau Kaiser nimmt sie auf ihren Schoss. „Sieh her! Alles, was du zum Schneiden brauchst, ist eine Schere und deine Hand. Du steckst jetzt deinen Daumen in das eine Loch und den Zeigefinger und den Mittelfinger in das andere. Jetzt kannst du die Schere aufmachen. Versuch's mal!" Ida probiert es aus. Zuerst ist es noch schwierig, aber je öfter sie es versucht, umso besser klappt es. „Jetzt versuchen wir mal, ein Stück Papier damit zu schneiden!" Frau Kaiser holt einen dünnen, weißen* ***Papierstreifen*** *und steckt ihn zwischen die Schere. „Jetzt musst du die Schere zusammendrücken." Ida drückt und schon hat sie ein kleines Papierstück abgeschnitten. „Juhu! Es klappt!", freut sie sich und schneidet ein Stück nach dem anderen ab. Nach einer Weile liegen viele Schnipsel auf dem Tisch. „Willst du sie mit nach Hause nehmen und deiner Mama zeigen?", fragt Frau Kaiser. Ida nickt. Dann holt die nette Erzieherin einen* ***Umschlag*** *und gemeinsam stecken sie alle Papierstücke hinein. Ida ist begeistert. Zum ersten Mal hat sie geschnitten, mit einer Schere und ihrer Hand. Wenn sie am Mittag wieder abgeholt wird, dann kann sie ihrer Mama erzählen, was sie alles in der Kita erlebt hat und dass sie zum ersten Mal geschnitten hat, mit einer Schere und ihrer Hand und ein bisschen mit Frau Kaisers Hilfe.*

Kannst du meine Hände spüren?

Der Geschichtentext:

Kannst du meine Hände spüren,
wie sie dich ganz sanft berühren

(Beide Hände streichen über die Schultern.)

an deinen Armen froh und munter,
dann langsam zu den Beinen runter?

(Mit den Händen sanft Arme und Beine massieren.)

Die Zehen kommen auch noch dran,
den ganzen Fuß geht es entlang.

(Sanft in die Zehen zwicken und über die Füße streichen.)

Nun geht es weiter hoch zum Knie
und auf den Bauch noch irgendwie.

(Die Fingerspitzen streichen über die Scheinbeine hoch bis zu den Knien. Dann reibt eine Handfläche kreisförmig über den Bauch.)

Den Hals entlang geht's hoch hinauf
und bei den Haaren hört es auf.

(Den Hals entlangstreichen und über die Haare ausstreichen.)

So geht es:

- Das Kind liegt entspannt auf dem Rücken auf einer Matte oder Decke. Wer möchte, kann seine Augen schließen und sich ganz auf die Massage und die Körperempfindungen einlassen. Noch intensiver spüren die Kleinen die Berührungen in Kleidung ohne lange Ärmel und Hosenbeine.

Papiercollage

So sieht eine fertige Papiercollage aus.

Das brauchen Sie für die Papiercollage:

- verschiedene Papiersorten (Tonpapier, Glanzpapier, Transparentpapier, Faltpapier usw.) in unterschiedlichen Farben
- Schere
- Kleister
- Pinsel
- Klebstoff
- Papierbögen
- Papierstreifen (schwarz)

Schneiden klappt schon ganz gut.

Tipp:

Sie können den Kindern flache Teller oder andere Gefäße anbieten, in denen sie ihre Papierstücke zunächst sammeln können, ehe sie diese aufkleben.

So gestalten die Kinder ihre Collage:

Für das Bild:

Stellen Sie den Kindern unterschiedliche Papiere zur Verfügung, von denen sie sich beliebig viele Stücke abschneiden können. Bieten Sie sowohl verschiedene Sorten als auch eine große Auswahl an Farben an. Haben die Kleinen ausreichend Stücke geschnitten, können sie diese mit einem Pinsel und Kleister auf ihren Papierbogen aufkleben. Anschließend lassen sie das Bild trocknen.

Für den Rahmen:

➤ Stellen Sie den Rahmen für die fertigen Bilder her. Kleben Sie dazu einfach schwarze Papierstreifen als Umrahmung auf die Bildränder. Schon leuchten die Collagen noch intensiver.

Gut zu wissen:

Die meisten Kinder hantieren gern mit Schere und Papier. Bei diesem Kreativangebot sammeln die Kleinen Erfahrungen mit unterschiedlichen Papiersorten und verbessern ihre feinmotorischen Fähigkeiten. Doch nicht alle Papiersorten verhalten sich gleich. Manche sind leicht zu zerschneiden, bei anderen muss man fest drücken und wieder andere lassen sich sogar mit den Händen zerreißen. Geben Sie den Kindern ausreichend Zeit, um Materialerfahrungen zu sammeln, und überlassen Sie jedem selbst, wie sein fertiges Bild aussehen soll. Wie viele oder wie wenige Stücke am Ende auf dem Papierbogen aufgeklebt sind, entscheidet jedes Kind für sich.

Welche Farbe als Nächste?

Mein Bild wird richtig bunt.

Kleistern macht Spaß.

Gleich ist mein Bild fertig.

Das bin ich!

Melodie: traditionell „Eine Seefahrt, die ist lustig" **Text:** Eva Danner

2.

Ja, ich habe schöne Augen. Ja, ich habe schönes Haar.
Habe auch zwei kleine Ohren. Damit hör ich wunderbar.

Refrain:

Das bin ich! Das bist du!
Ja, wir beide winken uns jetzt einmal zu.
Das bin ich! Das bist du!
Ja, wir beide winken uns jetzt einmal zu.

3.

Ja, ich habe schöne Augen. Ja, ich habe schönes Haar.
Und ich hab auch noch zwei Beine, lauf damit das ganze Jahr.

Refrain:

Das bin ich! Das bist …

4.

Ja, ich habe schöne Augen. Ja, ich habe schönes Haar.
Ja, ich find mich einfach spitze, darum ruf ich laut: „Hurra!"

Refrain:

Das bin ich! Das bist …

Tipp:

Wer möchte, kann passend zum Liedtext auf die entsprechenden Körperteile zeigen und den Refrain pantomimisch begleiten.

Korkenbox und Tücherröhre

Ein tolles Spiel!

Das brauchen Sie:

- eine leere Kosmetiktücherbox
- mehrere Flaschenkorken
- ein kleines Körbchen zum Aufbewahren der Korken

Korkenbox für kleine Hände

So geht es:

- Füllen Sie die Korken in das Körbchen. Die Kleinsten können nun die Korken durch die Öffnung in die Box stecken und diese anschließend wieder herausholen. Ist die Box gefüllt, macht auch das Herausschütteln viel Freude.

Tipp:

Stellen Sie den Kindern das Korkenspiel in der Freispielzeit zur Verfügung. Durch gezieltes Greifen und Einstecken verbessern die Kinder ihre Hand-Auge-Koordination.

In die Box rein …

Alles wieder raus …

Tücherröhre für geübte Hände

Das brauchen Sie:

- eine lange, stabile Pappröhre
- mehrere dünne Tücher
- evtl. einen Kochlöffel

So geht es:

- Knoten Sie die Tücher aneinander, sodass sich eine lange „Stoffschlange" ergibt.
- Die Kleinen versuchen nun, die Stoffschlange in die Röhre zu stecken, bis sie ganz darin verschwunden ist. Geübte Hände können das auch mit einem Kochlöffelstiel versuchen.
- Anschließend ziehen die Kleinen die „Stoffschlange" wieder heraus.

Das kann ich schon prima.

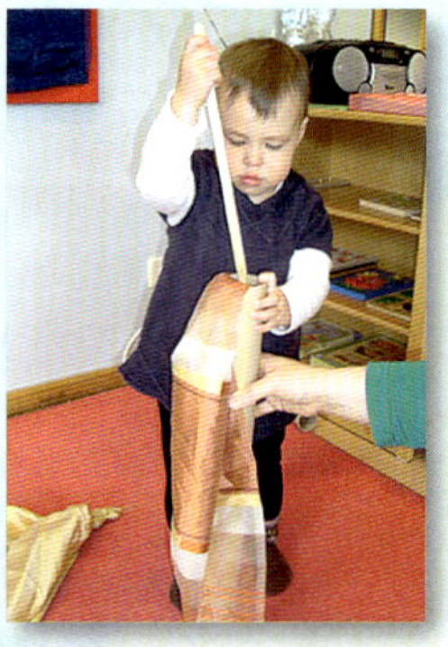
Gar nicht so leicht.

Was ist denn das für ein neues Spiel?

Das ist aber eine lange Stoffschlange!

Im Wald, da lebt das Eichhörnchen

Eichhörnchen sind Nagetiere und zählen zur Familie der Hörnchen. Sie können bis zu zwölf Jahre alt werden, obwohl nur wenige freilebende Eichhörnchen heute länger als drei Jahre leben. Man trifft sie in Wäldern und Parks und schon Krippenkinder begeistern sich für diese putzigen Tiere, die mit ihrem langen, buschigen Schwanz, die Baumstämme hoch- und runterflitzen. Eichhörnchen sind flink und leicht und mit ihrem rotbraun gefärbten Fell kaum zu übersehen. Schon die Kleinsten sind fasziniert, wenn sie ein Eichhörnchen entdecken. Das Leben dieser tagaktiven Säugetiere findet fast ausschließlich in den Bäumen statt, wo sie ihr Zuhause haben, das Kobel genannt wird. Nur wenn sie auf Nahrungssuche sind, kommen sie auf den Boden, sammeln Zapfen, Obst oder Haselnüsse, deren Schale sie mit ihren kräftigen Nagezähnen prima knacken können. Oft kann man sie dabei beobachten, wie sie Nüsse vergraben oder in kleine Spalten stecken, denn sie sind unermüdlich damit beschäftigt, Nahrung für den Winter zu verstecken. Eichhörnchen bieten sich wunderbar an, von Ihren Kleinen einmal genauer unter die Lupe genommen zu werden. In abwechslungsreichen Angeboten, erfahren die Kinder Wissenswertes über diese Tiere und erhalten einen Einblick in deren Leben.

Auf in den Wald zum Nüssesammeln! Vielleicht sehen wir ein Eichhörnchen.

In einer einfühlsamen **Geschichte** lernen die Kinder Matilde, das Eichhörnchen, kennen und erfahren, wie sich die Tiere auf den Winter vorbereiten.

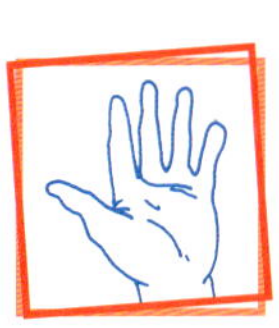

Ein **Fingerspiel** erzählt vom Leben der Eichhörnchen, schult die Koordination der Kleinen und animiert zum Mitsprechen.

In einem **Kreativangebot** gestalten die Kinder aus Alltagsmaterialien ein Eichhörnchen und verbessern dabei ihre Auge-Hand-Koordination sowie ihre Feinmotorik.

Eine wunderbare **Sinneserfahrung** können die Jüngsten mit dem „Nuss-Bassin" machen, indem sie nach Herzenslust mit Nüssen und anderen Naturmaterialien spielen dürfen.

Vielfältige **Bewegungsimpulse** regen die Kleinen an, sich körperlich zu erproben, und fördern ihre Ausdauer und Kraft sowie ihr Körpergefühl.

Wir wünschen Ihnen spannende Momente mit dem kleinen Eichhörnchen und interessante Eindrücke aus dem Leben dieser putzigen Baumbewohner.

Das Eichhörnchen Matilde

Matilde, das Eichhörnchen, ist auf Futtersuche, um für den langen, kalten Winter gut gerüstet zu sein. Die Suche nach Nüssen ist mühsam und anstrengend. Doch dann begegnet ihr Emil und verrät ihr, wie man Nüsse viel schneller und leichter sammeln und verstecken kann. Bringen Sie die Gegenstände aus der Materialliste an passender Stelle in die Erzählung ein.

Das brauchen Sie zum Geschichtenspielen:

- Matilde und Emil (Papier oder Figuren)
- Wald (grünes Tuch)
- Herbstlaub (Herbstblätter)
- Nüsse (Haselnüsse)
- Steine
- Wurzeln (Rindenstücke)
- Bäume (Papier)
- Mond (Papier)
- Himmel (blaues Tuch)

Matilde, das Eichhörnchen, ist im ***Wald*** *unterwegs und hüpft fröhlich durch das bunte* ***Herbstlaub****. Sie weiß, dass es bald Winter wird, und wenn sie jetzt nicht genügend Futter sucht, wird sie nichts mehr zu essen finden, wenn der Schnee alles bedeckt. Deshalb sucht sie nach leckeren* ***Nüssen,*** *die sie überall versteckt: unter* ***Steinen****, zwischen* ***Wurzeln*** *von* ***Bäumen*** *und in kleinen Felsspalten. Immer wieder klettert sie auf Bäume, nimmt eine Nuss und bringt sie nach unten. Am Mittag setzt sie sich unter einen* ***Baum.*** *„Puh!“, schnauft sie. „Ich werde mich eine Weile ausruhen.“ Plötzlich fällt ihr etwas auf den Kopf. „Aua!“, ruft sie und springt auf, doch sie kann niemanden entdecken. Also setzt sie sich müde wieder hin. Es dauert nicht lange, da plumpst ihr schon wieder etwas Hartes auf den Kopf. „Was ist denn das?“, schimpft Matilde und bemerkt eine Nuss am Boden. „Wer wirft denn hier mit Nüssen?“, ruft sie laut, doch keiner antwortet ihr. „Womöglich hat der Wind sie heruntergeschüttelt“, denkt sie, aber dann fallen gleich ein, zwei, drei Nüsse auf sie herunter. „Jetzt reicht es aber! Das war ganz sicher nicht der Wind.“ Mutig klettert Matilde den Baumstamm hinauf, um nachzusehen, woher die Nüsse kommen. Nicht weit entfernt raschelt es zwischen den Blättern. Leise schleicht Matilde näher ran, als sie einen braunen, buschigen Schwanz entdeckt. „Ähem!“, räuspert sie sich. Doch es passiert nichts. „Ähem!“, macht sie nun etwas lauter. Auch dieses Mal geschieht nichts. „Hey!“, brüllt Matilde daraufhin. Plötzlich schauen zwei kleine Augen zwischen dem Laub hervor und gleich darauf sitzt ein Eichhörnchen vor Matilde und hält sich an den Zweigen fest. „Du hast mir schon dreimal Nüsse auf den Kopf geworfen“, beschwert Matilde sich. „Das tut weh.“ „Entschuldigung!“, antwortet das andere Eichhörnchen. „Das wollte ich nicht.“ „Wer bist du eigentlich?“ „Ich bin Emil!“ „Mein Name ist Matilde. Was machst du hier denn?“, will sie wissen. „Nüsse sammeln“, erklärt Emil. „Aber warum wirfst du sie denn alle auf den Boden? Oder besser gesagt auf meinen Kopf?“ „Ich wollte sie nicht auf deinen Kopf werfen. Ich wusste nicht, dass du unter dem Baum sitzt. Tut mir wirklich leid!“ „Schon gut. Aber warum wirfst du sie denn nach unten?“, fragt Matilde erneut. „Na, es ist doch viel einfacher, alle Nüsse erst mal vom Baum zu werfen und sie dann zu verstecken, als eine nach der anderen mühsam nach unten zu tragen“, erklärt Emil. „Da hast du recht“, bestätigt Matilde. „Wir könnten doch zusammen Nüsse hinunterwerfen und sie dann verstecken. Zu zweit kommen wir viel schneller voran“, schlägt Emil vor. „Gute Idee. Wenn ich dir helfe, fallen mir auch keine Nüsse mehr auf den Kopf“, lacht Matilde. So sind die beiden den ganzen Nachmittag beschäftigt. Irgendwann liegt ein großer Haufen Nüsse am Boden. Eilig verstecken sie eine nach der anderen und als der* ***Mond*** *am* ***Himmel*** *steht, ist auch die letzte Nuss versteckt.*

Die wilde Matilde

Verse sprechen …	… Finger spielen
Das Eichhörnchen, das heißt Matilde. Sie ist wirklich eine Wilde.	*Zeige- und Mittelfinger als Eichhörnchen ausstrecken.*
So springt sie oft von früh bis spät im Wald herum, ganz aufgeregt.	*Die beiden Finger hin und her, auf und ab bewegen.*
Sie sammelt Nüsse, groß und klein. Versteckt sie schnell, so muss es sein.	*Eine Hand sammelt pantomimisch Nüsse und legt sie in die Handfläche der anderen Hand.*
Den ganzen Tag lang ist sie munter und rennt den Baumstamm rauf und runter.	*Eine Hand krabbelt den anderen Arm auf und ab.*
Denn ist die Welt von Schnee bedeckt, dann sucht Matilde ihr Versteck.	*Finger lassen Schnee rieseln.*
So hat sie auch im Winter Essen, darf ihr Versteck nur nicht vergessen. Dann knabbert sie die Nüsse fein und muss auch niemals hungrig sein.	*Pantomimisch Nüsse knabbern.*

Das Eichhörnchen ist aber wild!

Eichhörnchen

Das brauchen Sie für das Eichhörnchen:

- Fotokarton (dunkelbraun, hellbraun, weiß, schwarz)
- Sand
- kleine Schaufel (oder Löffel)
- Trichter
- Plastikflasche mit Schraubverschluss (0,5 l)
- Märchenwolle (braun)
- Locher
- Schere
- Klebstoff (evtl. doppelseitiges Klebeband)

Gleich hat mein Eichhörnchen seine Augen.

So sieht das fertige Eichhörnchen aus.

So gestalten die Kinder ihr Eichhörnchen:

Für den Bauch:

➤ Die Kinder füllen mithilfe der Schaufel und des Trichters Sand in ihre Flasche ein. Ist diese gefüllt, verschließen Sie sie fest mit dem Schraubverschluss.

Sand in die Flasche füllen kann auch ich schon.

Für den Kopf:

➤ Bereiten Sie für den Kopf ein dunkelbraunes Rechteck vor (6 x 8 cm), einen weißen Streifen (1 cm breit) für die Augen, einen schwarzen Streifen (1,5 cm breit) für die Nase und ein hellbraunes Rechteck (3 x 2 cm) für die Ohren.
Die Kleinen schneiden an einer schmalen Seite des dunkelbraunen Rechtecks die Ecken ein kleines Stück ab. Auf der gegenüberliegenden Seite schneiden sie die Ecken großzügiger ab. Vom weißen Streifen schneiden die Kinder zwei Stücke als Augen ab und kleben schwarze Locherpunkte als Pupillen darauf. Vom schwarzen Streifen schneiden die Kinder ein Stück als Nase ab. Das hellbraune Rechteck schneiden sie diagonal durch und verwenden beide Hälften als Ohren. Die Einzelteile des Gesichtes setzen sie mit Klebstoff zusammen.

Für die Arme:

➤ Fertigen Sie einen dunkelbraunen Streifen (2 x 16 cm) für die Arme und einen hellbraunen Kreis (2,5 cm Durchmesser) für die Pfoten an.
Die Kinder schneiden den Streifen sowie den Kreis mittig durch und befestigen je einen Halbkreis an einem Papierstreifen.

Fertigstellung:

➤ Die Kinder fixieren Kopf und Arme mit Klebstoff oder doppelseitigem Klebeband an der Flasche. Zuletzt kleben sie mit Ihrer Hilfe etwas braune Märchenwolle als Eichhörnchenschwanz an – und fertig ist die „Wilde Matilde".

Wo ist die Nuss?

Nutzen Sie die Herbstzeit, um mit den Kleinsten einen Ausflug in den Wald zu unternehmen. Die Kastanien, die Sie dabei gemeinsam sammeln können, eignen sich prima für diese Sinneserfahrung.

So viele Kastanien und Nüsse!

Das brauchen Sie:

- einen großen Behälter zum Einfüllen
- viele Kastanien
- einige Walnüsse
- kleine Eimerchen oder Körbchen

Gut zu wissen:

Für die Allerkleinsten ist schon das Einfüllen und Ausschütten der Kastanien und Nüsse ein großer Spaß.

So geht es:

- Füllen Sie die Kastanien in den Behälter und mischen Sie die Nüsse darunter.
- Erzählen Sie den Kindern, dass das kleine Eichhörnchen auf der Suche nach Nussen ist. Diese haben sich zwischen den Kastanien versteckt.
- Die Kinder dürfen dem Eichhörnchen beim Sammeln helfen und die gefundenen Nüsse in ihre Eimerchen legen.

Ich habe schon Nüsse für das Eichhörnchen gefunden.

Das fühlt sich toll an.

Eichhörnchenturnen

Inzwischen ist es Herbst geworden, und die Eichhörnchen sind auf der Suche nach Nüssen und Eicheln, die sie für die kalte Jahreszeit in ihren Höhlen verstecken können. Doch das ist nicht ganz einfach, denn sie müssen viele Hindernisse überwinden.

Über den Baumstamm

Das brauchen Sie:

- 2 hohe Kästen
- eine Rutsche
- 2 Körbe
- Nüsse

So geht es:

Über den Baumstamm bringen wir die Nüsse ins Versteck.

- Legen Sie die Rutsche (Baumstamm) über die beiden Kastenunterteile und stellen Sie die restlichen Kastenaufbauten an einer Seite der Rutsche auf. Stellen Sie die Körbe auf den Kastenoberteilen ab und geben Sie in einen der Körbe einige Nüsse.
- Die Kinder können nun auf den Baumstamm klettern, sich eine Nuss nehmen und diese über den Baumstamm transportieren. Am anderen Ende legen sie ihre Nüsse in das zweite Körbchen (Versteck).

Unterm Laub

Das brauchen Sie:

- 2 Langbänke
- 2 Bodenmatten
- einen Korb
- Nüsse

So geht es:

Ich habe eine Nuss entdeckt!

- Stellen Sie die beiden Langbänke mit etwas Abstand parallel zueinander auf und legen Sie die Bodenmatten darüber. Verteilen Sie die Nüsse unter den Matten (Laub) und stellen Sie den Korb an einem Ende des Aufbaus auf.
- Die Eichhörnchenkinder dürfen nun unter dem Laub nach Nüssen suchen. Haben sie welche gefunden, können sie diese in ihr Versteck (Korb) bringen.

Durch den Fluss

Das brauchen Sie:

- eine Langbank
- eine Weichbodenmatte
- 2 Bodenmatten
- 2 Körbe
- Nüsse

So geht es:

Wir bringen die Nüsse unbeschadet durch den Fluss.

- Legen Sie die Weichbodenmatte über die Langbank. Die beiden Bodenmatten sowie die Körbe (einer mit Nüssen) stellen Sie rechts und links der Weichbodenmatte auf.
- Nachdem sich die Eichhörnchenkinder eine Nuss geschnappt haben, dürfen sie diese durch den Fluss ans andere Ufer bringen.

Der kleine Igel Isidor

Wer streckt denn da die Nase raus?

Der Igel, der zur Gattung der Säugetiere gehört, ist eigentlich ein nachtaktives Lebewesen, das man nur sehr selten sieht. Gerade deshalb möchten wir den Kindern diese wunderbaren Tiere mit den kurzen Gliedmaßen und dem grau-braun gefärbten Fell etwas näherbringen. Es gibt etwa 25 Arten, die sich in die Unterfamilien der Stachel- und der Haarigel teilen. Mit einem Vertreter der Stacheligel werden wir uns in diesem Kapitel beschäftigen, denn kennzeichnend für ihn sind natürlich die hohlen Stacheln, die er zur Verteidigung nutzt. Der Igel, der vor allem in der Dämmerung aktiv ist, lebt vorzugsweise in Wäldern und Graslandschaften. Zu seiner bevorzugten Nahrungsquelle zählen Würmer und Insekten, aber auch saftiges Obst. Vor allem im Herbst, ehe der Igel seinen Winterschlaf hält, kann man mit etwas Glück ein Exemplar zu Gesicht bekommen. Wecken Sie mit vielfältigen Angeboten das Interesse Ihrer Jüngsten für diese außergewöhnlichen Lebewesen. Ihre besonderen Fähigkeiten, wie etwa das blitzschnelle Zusammenrollen zu einer stacheligen Kugel bei Gefahr, finden bereits Kinder unter drei Jahren spannend. So bietet es sich vorzugsweise in der Herbstzeit an, dieses Projekt mit Ihren Krippenkindern durchzuführen, um sie neugierig zu machen und Grundlegendes über den Igel zu erfahren.

In einer lustigen **Geschichte** lernen die Kinder den Igel Isidor kennen und erfahren Wissenswertes über das Leben von Igeln.

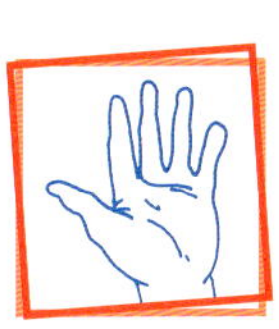

Anhand eines fröhlichen **Fingerspiels** erfahren die Kleinen, wie sich ein Igel bei Gefahr verhält, und verbessern ihre feinmotorischen Fähigkeiten.

Bei einem **Kreativangebot** gestalten die Kinder einen Igel und schärfen auf diese Weise ihren Blick für die äußere Erscheinung der Tiere.

Ein kurzes **Lied** berichtet vom Leben des kleinen Igels und animiert die Kinder zum Mitsingen.

In einer spannenden **Naturbegegnung** lernen die Kleinen einen echten Igel kennen und können dieses außergewöhnliche Tier hautnah beobachten.

Wir wünschen Ihnen und Ihren Kindern interessante Herbsttage und spannende Augenblicke mit dem kleinen Igel Isidor.

Der kleine Igel Isidor

Der kleine Igel Isidor macht sich mitten in der Nacht auf Futtersuche. Wie er dies tut und wem er dabei begegnet, erzählt die folgende Geschichte. Mit den Materialien aus der Liste können Sie die Erzählung begleiten und bildhaft darstellen.

Das brauchen Sie zum Geschichtenspielen:

- Nacht (blaues Tuch)
- Mond (Papier)
- Sterne (Papier)
- Igel (Papier oder Figur)
- Blätterhaus (Blätter)
- Gras (grünes Tuch)
- Apfel (Apfel oder Papier)
- Stachelball (Massageball)
- Hase (Papier oder Figur)

Alle warten gespannt auf den kleinen Igel Isidor.

*Es ist mitten in der **Nacht**. Der **Mond** leuchtet und viele **Sterne** funkeln am Himmel. Isidor **Igel** ist gerade aufgewacht. Noch etwas verschlafen klettert er aus seinem **Blätterhaus** heraus. „Uaahhh!", gähnt er. „Ich hab ja solchen Hunger. Mal schauen, ob ich etwas Leckeres zum Essen finde." Isidor krabbelt mit seinen vier Beinchen über das **Gras** und schnuppert mit der Nase am Boden. Dann entdeckt er etwas. Er schiebt die Grashalme zur Seite und sieht einen großen **Apfel** im Gras liegen. „Mmm, ein Apfel! Der wird mir schmecken", sagt er und knabbert mit seinen spitzen Zähnen sofort daran herum. „Köstlich! Köstlich!", schmatzt Isidor laut. Er ist so mit dem Apfel beschäftigt, dass er gar nicht merkt, wie sich ihm jemand nähert. Erst als es dicht neben ihm im Gras raschelt, wird er aufmerksam. Erschrocken zuckt Isidor zusammen und rollt sich sofort zu einer stacheligen Kugel zusammen. Seine Beine und sein Kopf sind nun nicht mehr zu sehen und aus dem kleinen Igel ist ein **Stachelball** geworden. Ohne sich zu bewegen, bleibt Isidor im Gras liegen. „Hallo!", hört er eine Stimme. Isidor weiß nicht recht, was er nun machen soll. Schließlich weiß er nicht, wer neben ihm sitzt. Da ruft es schon wieder: „Hallo, Stachelball! Kannst du sprechen?" „Natürlich kann ich sprechen!", antwortet Isidor. „Kannst du auch laufen?", will die fremde Stimme wissen. „Aber sicher kann ich laufen. Was ist denn das für eine Frage? Ich kann sprechen und laufen. Jeder Igel kann das."*

*„Ich frage ja nur, weil du keinen Kopf und keine Beine hast. Ich habe noch nie jemanden ohne Kopf und Beine getroffen", erklärt die Stimme. „Wie kommst du denn darauf, dass ich keinen Kopf und keine Beine habe? Sieh her! Ich zeig sie dir." Damit rollt sich Isidor wieder auseinander und aus der stacheligen Kugel wird ruckzuck ein Igel. Jetzt erst sieht Isidor, wer da neben ihm sitzt. Ein kleiner, brauner **Hase** hockt im Gras und betrachtet neugierig den Igel. „Du hast ja wirklich Beine. Und einen Kopf hast du auch!", staunt der Hase. „Mein Name ist übrigens Hugo", stellt er sich höflich vor. „Alle Igel haben vier Beine und einen Kopf und viele Stacheln, wie man sieht." Hugo wundert sich: „Aber vorhin hat man das gar nicht gesehen." „Nein. Als es auf einmal im Gras geraschelt hat, da habe ich mich zusammengerollt. Das machen wir Igel, wenn wir uns erschrecken. Dann sieht man unsere Beine und unseren Kopf nicht mehr und wir sehen aus wie Stachelbälle." „Ach, so ist das!", ruft der Hase begeistert. „Wie heißt du eigentlich?" Der Igel antwortet: „Isidor. Mein Name ist Isidor." „Hat mich gefreut, dich kennenzulernen, Isidor. Bis bald und guten Appetit!" Damit hoppelt der Hase davon.*

Der kleine Igel

Verse sprechen …	… Finger spielen
Ein Igel will spazieren gehn und sich die schöne Welt ansehn.	*Alle fünf Finger einer Hand nach oben ausstrecken.*
Er krabbelt froh durchs grüne Gras. Das macht dem kleinen Igel Spaß.	*Die fünf Finger der Hand bewegen.*
Er hat auch Stacheln, spitz und lang, mit denen er dich piken kann.	*Zeigefinger einer Hand pikt in die andere Handfläche.*
Und hat er Angst, macht er sich klein, rollt sich zu einer Kugel ein.	*Eine Faust bilden.*
Ganz langsam kommt er wieder raus und krabbelt froh zurück nach Haus.	*Nacheinander langsam die Finger wieder ausstrecken.*

Igel

Die Pupille kann ich schon alleine aufkleben.

Das brauchen Sie für den Igel:

- Tonpapier (hellbraun, dunkelbraun, weiß, schwarz)
- Schere
- Klebstoff
- Locher

Gut zu wissen:

Jedes Kind kann quasi in einem Arbeitsschritt auch leicht zwei Igel basteln, wenn es ein zusätzliches Auge vom weißen Streifen abschneidet, und Sie einen weiteren braunen Streifen für die Beine sowie vier braune Quadrate für die Stacheln vorbereiten.

Tipp:

Wer möchte, kann seine Igel auf einen Papierbogen aufkleben und zusätzlich einige Naturmaterialien, wie Blätter, darauf anbringen.

So gestalten die Kinder ihren Igel:

Für den Kopf:

- Schneiden Sie ein hellbraunes Rechteck (6 x 4 cm) für den Kopf sowie einen weißen Streifen (1 cm breit) für das Auge zu. Die Kinder schneiden das Rechteck diagonal durch und verwenden eine Hälfte davon als Kopf. Vom weißen Streifen schneiden sie ein Stück als Auge ab und kleben einen schwarzen Locherpunkt als Pupille darauf.

Für den Körper:

- Schneiden Sie für den Bauch einen hellbraunen Kreis (18 cm Durchmesser) und für die Stacheln vier dunkelbraune Quadrate (4 x 4 cm) zu.
- Die Kleinen schneiden den Kreis mittig durch und verwenden eine Hälfte davon als Bauch. Die Quadrate schneiden sie diagonal durch und verwenden alle entstandenen Dreiecke als Stacheln.

Für die Beine:

- Bereiten Sie einen dunkelbraunen Streifen (1 x 16 cm) für die Beine vor. Die Kinder schneiden den Streifen in vier Teile und verwenden die entstandenen Stücke als Beine. Diese kleben Sie von hinten am Igelbauch fest.

So sehen die kleinen Igel aus.

Zwischen allerlei Naturmaterialien fühlen sich die Igelchen so richtig wohl.

Der kleine Igel Isidor

Melodie: Carl Reinecke „Klein Häschen wollt' spazieren gehn" **Text:** Eva Danner

2.
Der kleine Igel Isidor hat Stacheln an sich dran,
an seinem Rücken überall, womit er piken kann.

3.
Der kleine Igel Isidor, der rollt sich ganz schnell ein,
versteckt sich, wenn Gefahr ihm droht, macht sich dann klitzeklein.

4.
Der kleine Igel Isidor kommt langsam nur heraus,
streckt seine kleinen Beinchen dann und seine Nase raus.

5.
Der kleine Igel Isidor, der krabbelt nun nach Haus.
Er will bei seiner Mama sein, drum ist das Lied jetzt aus.

Der Igel

Ein Besuch der besonderen Art…

- Da Igel nachtaktive Tiere sind und man sie daher nur selten zu Gesicht bekommt, ist es für Kinder und Erwachsene eine spannende Erfahrung, ihnen zu begegnen. Vielleicht bietet sich Ihnen mit den Kindern die Möglichkeit, eine Igel-Aufzuchtstation zu besuchen. Sie können auch den in Ihrem Bezirk zuständigen Förster kontaktieren. Vielleicht kommt er mit einem stacheligen Freund vorbei.
- Gemeinsam mit dem Förster können die Kinder dann den Igel betrachten und Wissenswertes über sein Aussehen und seine Lebensweise erfahren. Unzählige Stacheln, die er bei Gefahr aufrichtet, bedecken den Rücken des Igels. In gefährlichen Situationen rollt er sich zu einer Kugel zusammen und versteckt sein Näschen. Ist der Igel entspannt, erkundet er neugierig seine Umgebung und geht auf Futtersuche.
- Vielleicht können die Kinder sogar die „Brummlaute" hören, die ein Igel von sich gibt. So ein Besuch der besonderen Art wird Ihren Kleinen sicher noch lange in Erinnerung bleiben.

Fasziniert betrachten die Kinder den ungewöhnlichen Besucher.

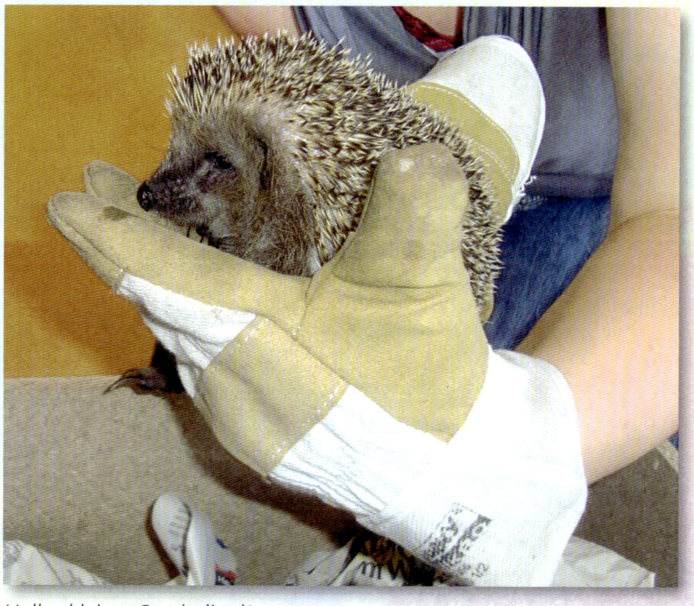

Hallo, kleiner Stacheligel!

Hurra! Der Clown ist da!

Clowns bringen die Menschen zum Lachen. Vor allem in der Faschingszeit verkleiden sich Jung und Alt gern als farbenfrohe Clowns mit charakteristischen, bunten Kostümen, viel zu großen Schuhen und einer roten Nase. Auch eine Perücke und das geschminkte Gesicht dürfen dabei natürlich nicht fehlen. Aber auch im Zirkus begegnet man diesen besonderen Artisten, die meist tölpelhaft durch die Manege spazieren und über ihre eigenen Füße stolpern. Doch sie vollführen auch Kunststücke und sind insgeheim die *„Stars der Manege"*. Manchmal sitzt der Clown falsch herum auf einem Pferd oder Esel und reitet so durch die Manege oder er jongliert mit Bällen, die natürlich herunterfallen. Der Begriff *„Dummer August"* ist hier weit verbreitet. Bereits im 16. Jahrhundert trat dieser zur Belustigung des Publikums in Pausen von Bühnenstücken auf. Doch nicht nur zur Faschingszeit und im Zirkus treten Clowns auf. Es gibt auch sogenannte *„Klinikclowns"*, die vor allem in Krankenhäusern anzutreffen sind, um den Kindern dort den Aufenthalt angenehmer zu gestalten und ihnen ein Lächeln ins Gesicht zu zaubern. Ebenso bei Feiern, Kindergeburtstagen und anderen Festivitäten haben Clowns ihren großen Auftritt. Kinder mögen sie im Allgemeinen gern. Schon Krippenkinder freuen sich über ihren Besuch und schauen den farbenfrohen Gesellen gern zu. Wenn dann noch Musik hinzukommt, haben auch die Kleinsten ihren Spaß. So eignet sich das folgende Projekt hervorragend für die Faschingstage, um die Kleinen mit auf eine bunte, musikalische Reise in die Zirkuswelt zu nehmen.

Eine lustige **Geschichte** nimmt die Kinder mit in den Zirkus *„Wirbelwind"*, wo sie dem Clown Beppo begegnen, der allerlei Kurioses vollführt.

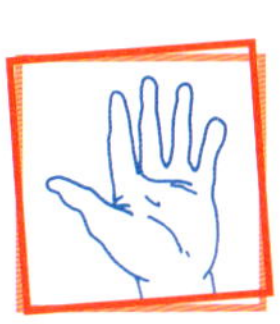

Ein **Fingerspiel** regt die Kleinen zum Mitsprechen an und fördert ihre Sprachentwicklung.

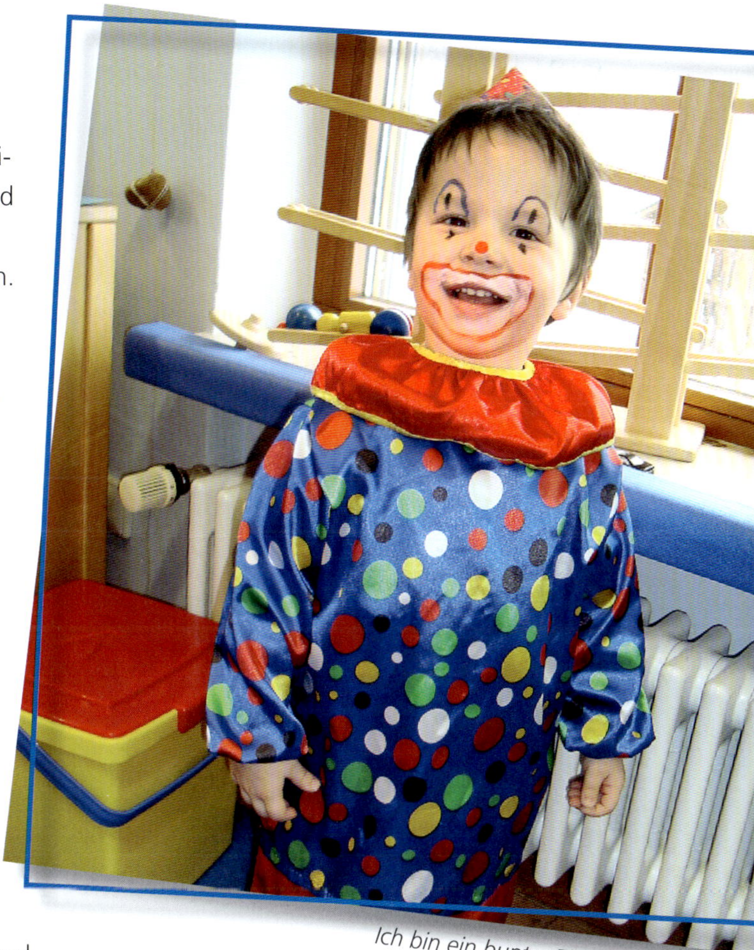

Ich bin ein bunter Zirkusclown und wirklich ganz hübsch anzuschaun.

Bei einem **Kreativangebot** können die Kinder ein farbenfrohes Clown-Mobile gestalten und verbessern dabei ihre Feinmotorik.

Bei einem fröhlichen **Bewegungsspiel** verbessern die Kleinen ihre Körperwahrnehmung.

Ein einfach herzustellendes **Spiel** fördert die Auge-Hand-Koordination und Zielgenauigkeit der Kinder und macht natürlich eine Menge Spaß.

Wir wünschen Ihnen eine unbeschwerte Faschingszeit und viele lustige Momente mit Beppo, dem fröhlichen Clown.

Beppo, der lustige Clown

Das Publikum kann es kaum erwarten, Beppo den lustigen Clown zu sehen, der wieder allerlei Schabernack treiben wird. Mit den Utensilien aus der Liste können Sie die Geschichte begleiten und Ihre eigene, kunterbunte Zirkusvorstellung gestalten, bei der die kleinen Zuschauer sicher viel Spaß haben werden.

Das brauchen Sie zum Geschichtenspielen:

- Leute (Papier oder Figuren)
- Lampen (Taschenlampen)
- Manege (braunes, kreisförmiges Tuch)
- Musik (Zirkusmusik von einer CD)
- Clown Beppo (Papier, Figur oder Handpuppe)
- Clownsnase
- Konfetti (bunte Locherpunkte)
- Esel (Papier oder Figur)
- Karotte (Papier, Kaufmannsladen oder echte Karotte)
- Tee (Tasse)

Im Zirkus „Wirbelwind" ist heute richtig was los. Viele ***Leute*** *sind gekommen, um die Vorstellung zu bewundern. Die Kinder sind mächtig aufgeregt und können es kaum erwarten, bis Beppo, der lustige Clown, endlich die Bühne betritt. Dann ist es so weit: Die vielen* ***Lampen*** *rings um die* ***Manege*** *beginnen, zu leuchten, und* ***Musik*** *erklingt. Das Publikum klatscht in die Hände. Der Vorhang öffnet sich und* ***Beppo*** *kommt auf die Bühne. „Hereinspaziert! Hereinspaziert. Aufgepasst, was gleich passiert!", singt der Clown und winkt den Kindern zu. Er trägt einen bunten Hut auf dem Kopf und eine Schleife am Hals. Dann stolpert er über seine viel zu großen Schuhe und „Platsch!", fällt er auf die Nase. Schnell fasst er sich an seine rote* ***Clownsnase*** *und drückt mit den Fingern darauf. „Quietsch!", ertönt es sogleich und alle fangen laut zu lachen an. „Oh nein, oh nein!", jammert Beppo. „Meine Nase ist gebrochen. Sie quietscht ganz sonderbar." Zum Beweis drückt er noch einmal darauf. Natürlich hat sich der Clown nicht verletzt. Er ist absichtlich über seine Füße gestolpert, um die Leute zum Lachen zu bringen. Der Clown steht wieder auf und, von fröhlicher Zirkusmusik begleitet, spaziert er umher. Plötzlich greift er in seine Hosentasche und wirft eine Hand voll* ***Konfetti*** *ins Publikum. „Was für ein Spaß! Was für ein Spaß! Es regnet, doch keiner wird vom Regen nass", singt er und wirft noch mehr Papierschnipsel herum. „Verehrtes Publikum", ruft Beppo dann, „jetzt werde ich etwas ganz Gefährliches tun. Ein Kunststück, an das sich noch niemand vor mir gewagt hat. Johann, komm zu mir!" Der Vorhang öffnet sich ein zweites Mal. Heraus kommt nicht etwa ein gefährlicher Löwe oder ein wilder Tiger. Nein, ein kleiner grauer* ***Esel*** *trottet langsam hinein. „Darf ich vorstellen: Johann, der Esel." Johann läuft langsam und ruft leise: „Iah, Iah!" Die Leute lachen und klatschen Beifall. Alle haben sie mit einem wilden Tier gerechnet, aber nicht mit einem liebenswerten kleinen Esel. „Ich werde es wagen, auf dem wilden Johann zu reiten", sagt Beppo und steigt auf den Rücken des Esels. Aber der Clown hat sich verkehrt herum auf ihn gesetzt und kann nun nicht sehen, wohin der Esel läuft. „Halt! Stopp!", brüllt Beppo, aber Johann hört nicht auf ihn. Stattdessen ruft er nur: „Iah, Iah!" Da schreit Beppo: „Hilfe!" Die Leute halten sich vor lauter Lachen die Bäuche. Endlich bleibt der Esel stehen und Beppo klettert herunter. Er verbeugt sich vor seinem Publikum, das die beiden unter kräftigem Applaus verabschiedet. Natürlich hat der Clown keine Angst vor dem liebenswerten Esel. Das hat er nur so gesagt. Zur Belohnung erhält Johann eine schmackhafte* ***Karotte*** *und wird gestreichelt. Auch Beppo ruht sich bei einem leckeren* ***Tee*** *erst einmal aus bis zur nächsten Vorstellung im Zirkus „Wirbelwind".*

Ich bin der kleine Clown

Verse sprechen …	… Finger spielen
Hallo, ich bin der kleine Clown und bin ganz lustig anzuschaun.	*Mit einer Hand winken.*
Die Nase, die ist rot und rund. Ganz weiß geschminkt, so ist mein Mund.	*Mit beiden Zeigefingern erst auf die Nase, dann auf den Mund deuten.*
Auf dem Kopf, hab ich 'nen Hut, der steht mir aber wirklich gut!	*Mit den Händen ein Dach auf dem Kopf als Hut bilden.*
Die Haare, sie sind rot und kraus. Sieht das vielleicht nicht lustig aus?	*Sich mit den Händen durch die Haare wuscheln.*
Trag eine Fliege, Jack' und Hos' und bunte Schuhe, viel zu groß.	*Mit den Händen Fliege, Jacke und Hose andeuten und auf die Schuhe zeigen.*
Und möchtest du mich einmal sehn, so musst du in den Zirkus gehn.	*Mit den Armen eine ausladende Bewegung machen. Dann mit den Händen auf die Oberschenkel patschen.*

Clown-Mobile

So sieht das fertige Clown-Mobile aus.

Das brauchen Sie für das Clown-Mobile:

- Fotokarton (orange, grün, hautfarben, weiß, rot, hellblau, dunkelblau, gelb)
- Schere
- Klebstoff
- Märchenwolle (rot)
- Nylonfaden oder Wolle
- Lochzange oder Locher

Den Kopf habe ich schon beinahe fertig.

Mit etwas Hilfe kann ich den Mund schon prima schneiden.

So gestalten die Kinder ihr Clown-Mobile:

Für den Kopf:

- Bereiten Sie für den Kopf und die Nase jeweils ein hautfarbenes und ein rotes Quadrat (14 x 14 cm und 3 x 3 cm) vor. Schneiden Sie für die Augen zwei weiße Rechtecke (3 x 4 cm) und einen hellblauen Streifen (1 cm breit) für die Iris zu. Bereiten Sie für den Mund ein weißes Rechteck (8 x 3 cm) sowie einen roten Kreis (3 cm Durchmesser) vor.
- Die Kinder schneiden am Kopf und an der Nase alle vier Ecken ab. An den Augen schneiden sie auf jeweils einer schmalen Seite beide Ecken ab. Vom blauen Streifen schneiden sie zwei Stücke als Iris ab und kleben sie mittig auf die Augen. Für den Mund schneiden die Kleinen am weißen Rechteck alle vier Ecken ab und den roten Kreis mittig durch. Eine Hälfte vom Kreis befestigen sie am Mund. Die Einzelteile des Gesichtes setzen sie mit Klebstoff zusammen und bringen rote Märchenwolle als Haare an.

Für den Hut:

- Bereiten Sie für den Hut einen orangefarbenen Kreis (13 cm Durchmesser) und für die Hutkrempe einen grünen Streifen (1,5 cm breit) vor. Die Kinder schneiden den Kreis mittig durch und verwenden eine Hälfte davon als Hut. Vom grünen Streifen schneiden sie ein etwa 17 cm langes Stück ab und befestigen dieses als Hutkrempe am Hut.

Für die Schleife:

- Schneiden Sie ein gelbes Quadrat (4 x 4 cm) und ein dunkelblaues Quadrat (7 x 7 cm) zu.
- Die Kleinen schneiden am gelben Quadrat alle vier Ecken ab. Das blaue Quadrat schneiden sie diagonal durch. Die Einzelteile der Schleife setzen sie mit Klebstoff zusammen.

Für die Fertigstellung des Mobiles:

- Diesen Arbeitsschritt sollten Sie übernehmen, da dieser für die Kinder zu schwierig ist. Stanzen Sie mithilfe der Lochzange ein Loch in die Schleife sowie jeweils zwei Löcher (oben und unten) in Kopf und Hut. Verbinden Sie die einzelnen Elemente mit dem Nylonfaden und befestigen Sie oben am Hut einen Faden zum Aufhängen des Mobiles.

Der Clown

Mit dem ganzen Körper spielen …

Vorhang auf! Manege frei! Schon kommt der kleine Clown herbei,	*Pantomimisch einen Vorhang öffnen und mit den Füßen stampfen.*
verbeugt sich tief, ruft laut: "Hallo!" Dann beginnt die Zirkusshow.	*Sich verbeugen und „Hallo!" rufen.*
Er hüpft im Kreis, fällt dabei um auf seinen Popo. Oh, wie dumm!	*Hüpfen und sich dann auf den Popo setzen.*
Nun sitzt er da, der arme Tropf, mit seinem Hütchen auf dem Kopf.	*Kopf hängen lassen.*
Doch plötzlich springt er wieder auf und weiter geht's im Dauerlauf.	*Aufspringen und im Kreis laufen.*
Er stampft und hüpft. Er klatscht und singt, jongliert mit Bällen. Ob's gelingt?	*Stampfen, hüpfen, klatschen. Dann pantomimisch Bälle jonglieren.*
So macht er viele tolle Sachen. Da müssen alle Leute lachen.	*Laut lachen.*
Doch für heute ist nun Schluss. Der Clown sagt: „Tschüss!", und gibt 'nen Kuss.	*Winken und Kusshand werfen.*

Gut zu wissen:

Dieses fröhliche Bewegungsspiel können Sie mit Ihren Jüngsten als Kreisspiel im Gruppenzimmer durchführen. Es eignet sich aber ebenso als Anschlussspiel im Turnraum, beispielsweise nach einem „Zirkus-Turnen". Wo auch immer Sie den lustigen Zirkusclown „auftreten" lassen, die Kinder werden sicherlich viel Freude dabei haben.

Clown-Spiel

Die farbenfrohen Clowns sind im Handumdrehen fertig.

Das brauchen Sie für die Herstellung des Clown-Spiels:

- Tonpapier (bunt)
- 6 weiße Plastikbecher
- Schere
- Fasermaler (schwarz)
- Klebstoff
- doppelseitiges Klebeband

Das brauchen Sie zum Spielen:

- Kindertisch
- Tuch zum Abdecken
- kleine Bälle
- einen Korb

Gut zu wissen:

Dieses lustige Spiel können Sie den Kindern im Freispiel oder bei einer gezielten Beschäftigung anbieten. Es fördert die Auge-Hand-Koordination der Kleinen sowie ihre Zielgenauigkeit. Das Umwerfen der Becher macht viel Freude und beim Stapeln ist Fingerspitzengefühl gefragt. Das Einsammeln der Bälle erledigen alle gemeinsam.

So stellen Sie das Clown-Spiel her:

- Fertigen Sie sechs Clowns an, indem Sie aus dem Tonpapier jeweils Augen, Nase und Mund ausschneiden und diese mit doppelseitigem Klebeband an den Plastikbechern befestigen. Welche Farben Sie hierfür verwenden möchten, entscheiden Sie selbst. Die Größe der Einzelteile richtet sich nach der Größe der Becher.

So spielen Sie das Clown-Spiel:

- Decken Sie einen Kindertisch mit einem schönen Tuch ab und stapeln Sie die fertigen Becherclowns wie eine Pyramide aufeinander. In einem Korb können Sie den Kindern verschiedene Bälle zum Umwerfen der *„Becher-Clowns"* bereitstellen. Den Korb platzieren Sie in geringer Entfernung zum Tisch. Jetzt kann der Spielspaß beginnen.
  Wie beim Büchsenwerfen versuchen die Kleinen, mit den Bällen die Clown-Pyramide zum Einstürzen zu bringen.

Noch stehen die lustigen Clowns auf ihren Plätzen.

Gleich fällt die Clown-Pyramide um.

Sankt Martin

Jedes Jahr am 11.11. feiern wir das Martinsfest. Doch warum eigentlich? Wer war dieser Martin? Martin von Tours wurde im Jahr 316 geboren. Sankt Martin ist einer der bekanntesten Heiligen der katholischen Kirche. Er war Bischof von Tours und ein gütiger Mensch, der den Armen und Kranken half. Daher wird er als Schutzheiliger der Reisenden, der Armen und Bettler sowie der Reiter verehrt. Die bekannteste Martinslegende erzählt davon, wie Martin seinen Mantel mit einem frierenden Bettler teilt. Martin von Tours wurde am 11.11.386 beigesetzt. Deshalb wird der 11.11. als Martinstag gefeiert. Oft finden in Kitas, Schulen und Gemeinden Umzüge zu diesem Fest statt, bei denen die Kinder Laternen durch die dunkle Nacht tragen und Martinslieder singen. Für Krippenkinder ist es manchmal noch schwer nachzuvollziehen, was es mit der „Mantelteilung" auf sich hat. Deshalb möchten wir mit kleinkindgerechten Angeboten schon den unter 3-Jährigen ein Gefühl dafür vermitteln, wie man anderen helfen und sie unterstützen kann, denn bereits die Jüngsten entwickeln ein Gespür dafür, wann andere Hilfe brauchen. Sie bringen ein Taschentuch, um Tränen zu trocknen, oder helfen einander, die Frühstücksdose zu öffnen. Krippenkinder verfügen bereits über viele soziale Kompetenzen, die Sie anhand dieses Projektes erweitern und vertiefen können.

Warte, ich helfe dir.

Anhand einer **Geschichte** können schon die Jüngsten die Kernaussage der Martinslegende nachvollziehen und werden aktiv mit in die Erzählung eingebunden.

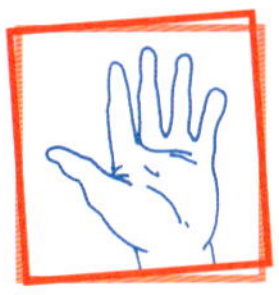

Ein kurzes **Fingerspiel** erzählt von Martin, als er noch ein kleiner Junge war, und regt die Kleinen zum Mitsprechen an.

Für das Laternenfest darf jedes Kind in einem **Kreativangebot** seine eigene Laterne gestalten und sie am Martinstag leuchten lassen.

Ein **Lied** zur Martinsgeschichte animiert die Kleinen zum Mitsingen.

In einem **lebenspraktischen Angebot** helfen die Kinder, ein leckeres Frühstück zuzubereiten, bei dem die Kernaussage des Teilens noch einmal praktisch aufgegriffen wird.

Wir wünschen Ihnen und Ihren Kindern ein schönes Martinsfest mit leuchtenden Laternen, fröhlichen Liedern und einem gestärkten Gemeinschaftsgefühl.

Die Martinslegende einmal anders

Der kleine Martin teilte schon als Kind gern und zeigt so den Kindern, dass Helfen schön ist. Nehmen Sie die Gegenstände aus der Materialliste und bringen Sie sie an passender Stelle in die Erzählung ein.

Das brauchen Sie zum Geschichtenspielen:

- Martin (Papier oder Figur)
- Holzhaus (Papier)
- Waldrand (grüne Tücher und Naturmaterial)
- Stall (Papier)
- Gänse (Papier oder Figuren)
- Vater (Papier oder Figur)
- Scheibe Brot
- Stroh
- Getreidekörner
- Junge (Papier oder Figur)
- Apfel

Tipp:

Brot und Apfel können Sie im Anschluss an die Geschichte mit den Kleinen teilen und essen.

Gleich teilen alle Apfel und Brot miteinander wie Martin.

Martin ist ein kleiner Junge und lebt mit seinem Vater in einem kleinen ***Holzhaus*** *am* ***Waldrand****. Die beiden haben nur sehr wenig Geld. Oft haben sie deshalb Hunger. Neben ihrem Haus steht ein* ***Stall****, in dem ihre beiden* ***Gänse*** *wohnen. „Mein lieber Junge“, sagt Martins* ***Vater*** *zu ihm. „Ich muss jetzt zur Arbeit. Fütterst du bitte die beiden Gänse?“ „Ja, Papa“, antwortet Martin. Martins Vater arbeitet auf dem Feld und hilft dort, das Getreide zu ernten. Dafür bekommt er etwas Getreide für seine Tiere und ein wenig Geld, das gerade so zum Leben reicht. „Hier, Martin“, spricht der Vater, „ein Stück* ***Brot*** *für dich!“ Dann verabschiedet er sich und macht sich auf den Weg. Martin geht in den Stall zu den beiden Gänsen, die sogleich lauthals zu schnattern beginnen. „Hallo, ihr zwei!“, begrüßt Martin sie freundlich. „Habt ihr auf mich gewartet?“ Da schnattern die Gänse noch lauter und kommen zwischen dem* ***Stroh*** *zum Vorschein. Martin streut ihnen einige* ***Getreidekörner*** *hin, die sie eilig aufpicken. Martin sieht ihnen noch eine Weile zu. Dann geht er nach draußen. Er hat Hunger und setzt sich ins* ***Gras****, um das Stück Brot zu essen, als plötzlich ein fremder* ***Junge*** *vor ihm steht. „Hallo!“, begrüßt Martin ihn. „Hallo!“ „Wo willst du denn hin?“, will Martin wissen. „Ich bin auf dem Weg in die Stadt. Ich suche Arbeit, damit ich mir etwas zu essen kaufen kann“, erklärt der Junge. „Setz dich doch zu mir!“, sagt Martin. „Mein Brot reicht für uns beide.“ Er teilt das Stück Brot und gibt dem Jungen die Hälfte. „Danke!“, freut sich dieser und beißt herzhaft hinein. Auch Martin lässt es sich schmecken und freut sich sehr darüber, dass der Junge nun auch satt wird. Nach einer Weile verabschieden sich die beiden voneinander. Als Martins Vater am Abend nach Hause kommt, erzählt sein Sohn ihm von der Begegnung mit dem fremden Jungen und auch davon, dass er sein Brot mit ihm geteilt hat. „Das war sehr lieb von dir, Martin“, lobt sein Papa ihn. „Schau, ich habe noch eine Überraschung für dich. Heute Mittag kam ein Mann am Feld vorbei und hatte einen ganzen Korb voller Äpfel dabei. Einen hat er mir geschenkt.“ Martins Papa zieht einen leuchtend roten* ***Apfel*** *aus seiner Jackentasche heraus. „Oh!“, staunt Martin. „Du hast ihn ja noch gar nicht gegessen!“ „Aber natürlich nicht. Ich möchte ihn mit dir teilen.“ Der Vater schneidet mit einem Messer den Apfel in zwei Hälften und gibt eine davon seinem Sohn. „Danke, Papa!“, freut sich Martin und lässt sich den köstlichen Apfel schmecken. Martins Vater freut sich, als er die leuchtenden Augen seines Kindes sieht, denn wenn sein Sohn glücklich ist, ist er es auch …*

Siehst du dort das kleine Haus?

Verse sprechen …	… Finger spielen
Siehst du dort das kleine Haus? Schaut da nicht ein Kind heraus?	*Mit den Händen ein Dach formen.* *Mit einer Hand die Augen beschatten.*
Martin, ja, so heißt der Bub, der so gerne Gutes tut.	*Hände mit den Innenflächen nach oben vor den Körper halten.*
Er ist klein, ist noch kein Mann. Doch er hilft dort, wo er kann.	*Hand knapp über den Boden halten.* *Mit einer Hand, Innenfläche nach oben, einen großen Halbkreis vor dem Körper beschreiben.*
Füttert Tiere, teilt sein Brot mit dem Jungen in der Not.	*Pantomimisch Futter verteilen und Brot teilen.*
All das fällt ihm gar nicht schwer und sein Vater freut sich sehr	*Kopf schütteln.* *Lächeln.*
über seinen kleinen Bub, der so gerne Gutes tut.	*Hände mit der Innenfläche nach oben vor den Körper halten.*

Laterne

So sieht die fertige Laterne aus.

Das brauchen Sie für die Laterne:

- Tonpapier (hellbraun, dunkelbraun, gelb, orange, schwarz)
- Transparentpapier (braun)
- Laternenpapierzuschnitt (22 x 51 cm)
- Laternenzubehör: Deckel, Boden, Metallbügel
- Schere
- Klebstoff
- Klebeband
- Locher
- Bastelfedern
- getrocknete Herbstblätter

Gut zu wissen:

Das Zusammenkleben der Laterne muss von einem Erwachsenen übernommen werden. Die oben angegebenen Papierstreifen reichen für jeweils drei Eulen. Wenn Sie möchten, können Sie die fertigen Laternen noch mit etwas Herbstlaub dekorieren.

So gestalten die Kinder ihre Laterne:

Für die Eulen:

- Bereiten Sie für den Bauch einen hellbraunen Streifen (24 x 5 cm) vor. Schneiden Sie für die Augen einen gelben Streifen (1 cm breit) und für den Schnabel zwei orangefarbene Rechtecke (1,5 x 2 cm) zu. Schneiden Sie für die Ohren einen dunkelbraunen Streifen (1,5 cm breit) zurecht und für die Füße drei orangefarbene Quadrate (2 x 2 cm).
- Die Kinder schneiden den hellbraunen Streifen in drei Teile und schneiden an jedem Stück, auf einer schmalen Seite, beide Ecken ab. Vom gelben Streifen schneiden sie sechs Stücke als Augen ab und kleben schwarze Locherpunkte als Pupillen auf. Die beiden orangefarbenen Rechtecke schneiden die Kleinen diagonal durch und verwenden drei der vier entstandenen Dreiecke als Schnäbel. Vom dunkelbraunen Streifen schneiden sie sechs Stücke als Ohren ab. Die orangefarbenen Quadrate schneiden die Kinder diagonal durch und verwenden alle entstandenen Dreiecke als Füße. Die Einzelteile der Eulen setzen sie mit Klebstoff zusammen. Für die Flügel befestigen die Kleinen an jeder Eule zwei Bastelfedern, die sie mit Klebeband auf der Rückseite der Eulen anbringen.

Für die Äste:

- Die Kinder reißen beliebig viele Stücke des Transparentpapiers ab und verwenden diese als Äste. Sie kleben sie auf ihr Laternenpapier auf und fixieren die Eulen auf ihnen. Wer möchte, darf noch ein paar getrocknete Herbstblätter auf dem Laternenpapier anbringen.

Augen haben meine Eulen schon.

Das werden die Ohren.

Die Federn sind aber schön flauschig!

Die Laternen sehen auch im Gruppenraum wunderschön aus.

Martin hilft dort, wo er kann

Melodie: Engelbert Humperdinck „Brüderchen, komm tanz mit mir“ **Text:** Eva Danner/Beate Vogel

2.
Oftmals leidet er auch Not, denn es gibt nur wenig Brot.
Schaut ihn an! Schaut ihn an! Martin hilft dort, wo er kann.

3.
Da ein Junge kommt vom Feld, hat viel Hunger und kein Geld.
Schaut ihn an! Schaut ihn an! Martin hilft dort, wo er kann.

4.
Martin teilt sofort sein Brot mit dem Jungen in der Not.
Schaut ihn an! Schaut ihn an! Martin hilft dort, wo er kann.

5.
Dieser freut sich wirklich sehr, hat nun keinen Hunger mehr.
Schaut ihn an! Schaut ihn an! Martin hilft dort, wo er kann.

6.
Jeder teilt das, was er hat, und dann werden alle satt.
Sieh mal an! Sieh mal an! Jeder hilft dort, wo er kann.

Martinsfrühstück

In der Geschichte *„Die Martinslegende einmal anders"* teilen Martin und sein Vater ein Stück Brot und einen Apfel. Tun Sie es den beiden gleich und bereiten Sie mit den Kindern Butterbrote und Apfelstücke zu, welche sie gemeinsam zum Frühstück essen können.

Am schön gedeckten Tisch teilen alle ihr Essen, so wie einst der kleine Martin.

Bei der Zubereitung helfen alle fleißig mit.

So geht es:

- Nicht so sehr das Essen als solches steht bei diesem Frühstück im Vordergrund. Es geht vielmehr um den Aspekt des Helfens und Teilens.
- Manche Kinder können beim Zubereiten der Apfelstücke und Brote aktiv werden. Andere wiederum helfen beim Tischdecken und Dekorieren.
- Am Ende der Bemühungen wartet ein einfaches, aber leckeres Frühstück auf alle.

Gemeinsam schmeckt das Frühstück am allerbesten.

Wir gehen einkaufen

Gesunde Ernährung ist wichtig. Darum empfiehlt es sich, den Kindern unterschiedliche Lebensmittel anzubieten. Nur wer verschiedene Dinge kennt und weiß, wie sie schmecken, kann eine Vorliebe dafür entwickeln. Die Kleinen sollten die Produkte, die die Erwachsenen für sie ausgesucht haben, allerdings nicht nur zu Hause im Kühlschrank oder auf dem Küchentisch zu Gesicht bekommen. Vielmehr können die Kinder in den Einkauf mit einbezogen werden. So können sie die Vielfalt an Lebensmitteln vor Ort wahrnehmen. Schon die Jüngsten lieben es, Mama und Papa beim Einkaufen zu begleiten, und sind begeistert von den vielen Farben und unterschiedlichen Gerüchen, die es überall zu entdecken gibt. Im Supermarkt findet sich ein umfangreiches Sortiment an Waren des täglichen Bedarfs, wie Lebensmittel, Kleidung, Drogerieartikel und vieles mehr. Für Kinder ist die Obst- und Gemüseabteilung besonders interessant. Dort können sie verschiedene Früchte und Gemüsesorten bestaunen, die in allen erdenklichen Farben leuchten. Jede Sorte hat einen anderen Duft und eine andere Form. Vielleicht gibt es einen kleinen Lebensmittelladen oder Wochenmarkt in ihrer Nähe, den Sie mit Ihren Kindern besuchen können. Wir möchten das kindliche Interesse nutzen und die Kleinen für gesunde Lebensmittel begeistern. Deshalb haben wir uns für das folgende Projekt entschieden, mit dem Sie den Kindern verschiedene Lebensmittel näherbringen, sie für neue Geschmäcker begeistern und ihnen die Vielfalt an gesunden, schmackhaften Produkten aufzeigen können.

Was hätten Sie gern?

In einer kurzen **Geschichte** begleiten die Kinder die kleine Tine und ihre Mama beim Einkauf und lernen verschiedene Lebensmittel kennen.

Ein selbst hergestelltes Domino-**Spiel** zum genauen Hinschauen und Zuordnen fördert die Sprachentwicklung und macht obendrein viel Spaß.

In einem **Kreativangebot** können die Kleinen verschiedene Gemüsesorten mit einfachen Mitteln basteln.

Ein **Spiel**, bei dem Nudeln eine neue Verwendung finden, fördert die Feinmotorik und Ausdauer sowie die Auge-Hand-Koordination der Jüngsten.

In einem **lebenspraktischen Angebot** werden die Kinder selbst zu Köchen und helfen mit, ein leckeres und gesundes Mittagsessen zuzubereiten.

Wir wünschen Ihnen und Ihren Kindern schmackhafte Erlebnisse und spannende Einblicke in eine gesunde Ernährung.

Tine geht einkaufen

Tine hat bald Geburtstag und darf sich deshalb ihr Lieblingsessen wünschen. Was beinahe noch besser ist: Tine darf ihre Mama beim Einkaufen begleiten. Mit den Materialien aus der Liste können Sie die Geschichte bildhaft darstellen und im Anschluss mit Ihren Kindern ein leckeres Essen zubereiten.

Das brauchen Sie zum Geschichtenspielen:

- Tine und Mama (Papier oder Figuren)
- Bauklötze
- Korb
- Nudeln
- Tomatensoße
- Gurke
- Karotten
- Paprika
- Topf

Tipp:

Sie können die Geschichte gut als Einstieg zum gemeinsamen Kochen mit den Zutaten daraus verwenden. Erfragen Sie auch die Lieblingsgerichte Ihrer Jüngsten, die Sie dann zusammen kochen können.

Was Tine und ihre Mama wohl noch einkaufen?

*Tine hat bald Geburtstag. Sie wird schon drei Jahre alt. Als sie gerade in ihrem Kinderzimmer mit **Bauklötzen** spielt, kommt ihre **Mama** herein. „Hallo, Tine!", begrüßt ihre Mutter sie. „Du hast doch morgen Geburtstag und deshalb möchte ich dein Lieblingsessen kochen. Was magst du denn besonders gern?" Tine muss nicht lange überlegen. „Nudeln mit Tomatensoße!", ruft sie. „Und Karotten mag ich gern. Und Gurken und Paprika auch!" „So, so. Das magst du also alles gern", antwortet Mama. „Möchtest du mit mir zusammen einkaufen gehen?" „Ja!", antwortet Tine aufgeregt. Sie geht nämlich sehr gern mit ihrer Mama zum Einkaufen. Mit einem großen **Korb** spazieren die beiden los. Es dauert auch gar nicht lange, bis sie am Geschäft ankommen. „Was sollen wir als Erstes in den Korb legen?", fragt Tines Mutter. „Nudeln!", erwidert Tine. „Na dann, auf zum Nudelregal!", sagt Mama und beide gehen los. Sie legen eine große Packung **Nudeln** in ihren Einkaufskorb. „Und nun?", will Tine wissen. „Was kaufen wir jetzt?" „Die Tomatensoße. Schau her! Hier steht sie schon." Und ein großes Glas roter Soße wandert in den Korb. „Jetzt müssen wir zu der Gemüseabteilung da vorn. Komm, Tine!" Die zwei laufen einmal quer durch den Supermarkt. Schon stehen sie vor einem großen Regal mit Obst und Gemüse. Tine legt eine grüne **Gurke** in den Korb und ihre Mama noch **Karotten** und rote und gelbe **Paprika**. „Haben wir jetzt alles, was wir brauchen?", fragt Tine. Ihre Mutter nickt. „Jetzt müssen wir nur noch bezahlen und dann gehen wir wieder nach Hause." Als sie zu Hause ankommen, will Tine sofort loslegen und holt einen großen **Topf.** „Was hast du denn damit vor?", will ihre Mama wissen. „Na, Nudeln kochen!", antwortet Tine. „Du hast recht, Liebes. Die Nudeln muss man kochen, aber nicht heute. Erst Morgen an deinem Geburtstag. Und wenn du willst, kannst du mir dann dabei helfen. Hast du Lust?" „Ja!", ruft Tine. Natürlich hat sie Lust, ihrer Mama beim Kochen zu helfen. Sie kann es kaum erwarten, dass der nächste Tag endlich beginnt und sie Geburtstag hat. Aber einmal schlafen muss sie noch.*

Lebensmittel-Domino

Kinder lassen sich oft von einfachen Dingen begeistern. Meist bedarf es keiner aufwändigen und teuren Spielangebote. Ein tolles Domino-Spiel lässt sich ganz einfach selbst herstellen und die Kleinen können die verschiedensten Lebensmittel ganz genau betrachten, während sie damit spielen. Die Kinder haben mit dem Lebensmittel-Domino eine Menge Spaß und trainieren dabei ganz nebenbei ihre Merkfähigkeit und Konzentration.

Das brauchen Sie für das Domino:

- kleine rechteckige Holzplatten oder stabilen Karton
- Prospekte mit Lebensmitteln oder buntes Papier
- weißen Fotokarton
- ein Laminiergerät oder transparente Klebefolie
- Schere
- Klebstoff
- Heißkleber

Gut zu wissen:

Wählen Sie nicht zu viele verschiedene Lebensmittel aus, damit die Kleinen den Überblick behalten können, und gestalten Sie die Dinge aus einfachen Grundformen, sodass die einzelnen Motive schnell erkannt und benannt werden können.

So geht es:

- Gestalten Sie zunächst die Spielsteine, indem Sie Lebensmittel auswählen, die Sie für Ihr Spiel verwenden möchten. Wählen Sie Dinge aus, die die Kinder kennen und mit Namen benennen können, z. B. Apfel, Banane, Brezel, Wurst, Birne. Sie können die Lebensmittel entweder aus buntem Papier herstellen oder aus Prospekten und Zeitschriften ausschneiden. Die Größe richtet sich nach der Größe Ihrer Holzplatten bzw. Kartonstücke, die als Spielsteine dienen.
- Schneiden Sie aus dem weißen Fotokarton Rechtecke in der Größe der Spielsteine zu und kleben Sie auf jede Seite ein Lebensmittelbild auf. Anschließend laminieren Sie Ihre Fotokartonstücke und befestigen diese mit Heißkleber auf den Spielsteinen.

So sehen die fertigen Spielsteine aus.

- Zum Spielen erhält jeder Mitspieler drei Spielsteine und legt diese offen vor sich hin. Ein Spielstein wird in die Mitte gelegt, die übrigen verdeckt auf einen Stapel. Der Mitspieler, der an der Reihe ist, vergleicht nun, ob er einen Spielstein vor sich liegen hat, der eines der beiden Motive in der Mitte zeigt. Hat er ein identisches Motiv entdeckt, legt er dieses entsprechend an, sodass immer zwei gleiche Lebensmittel nebeneinanderliegen. Hat der Spieler kein passendes Motiv, darf er einen neuen Spielstein vom Stapel nehmen und nachschauen, ob hier ein passendes Lebensmittel zu sehen ist. Hat er eines entdeckt, darf er es anlegen. Passt auch der neue Spielstein nicht, ist der nächste Spieler an der Reihe. Gewonnen hat derjenige, der zuerst keine Spielsteine mehr hat. Hat kein Mitspieler einen passenden Stein und der Stapel ist ebenfalls aufgebraucht, hat derjenige mit den wenigsten Spielsteinen gewonnen.

Ich kann die Brezel anlegen.

Gemüse

Das brauchen Sie für das Gemüse:

- Tonpapier (gelb, hellgrün, rot, dunkelgrün, hellblau)
- Schere
- Klebstoff

Tipp:

Um einen plastischen Effekt zu erzielen, können Sie die Blätterenden der Tomate leicht über den Rand einer Schere ziehen.

Die Kinder entscheiden selbst, wie sie ihr Gemüse anordnen möchten.

So gestalten die Kinder ihr Gemüse:

Für die Paprika:

- Bereiten Sie ein gelbes Rechteck (10 x 12 cm) sowie einen hellgrünen Streifen (2 cm breit) vor.
- Die Kinder schneiden an einer schmalen Seite des Rechtecks die Ecken ein wenig und auf der gegenüberliegenden Seite großzügiger ab. Vom Streifen schneiden sie ein Stück ab und kleben es als Stiel von hinten an der Paprika fest.

Die Paprika ist sehr gesund, …

Für die Tomate:

- Schneiden Sie ein rotes Quadrat (8 x 8 cm) sowie einen dunkelgrünen Streifen (0,5 x 25 cm) zu.
- Die Kleinen schneiden am Quadrat alle vier Ecken ab. Den Streifen schneiden sie in fünf Teile und kleben diese als Blätter an der Tomate fest.

… die Tomate kugelrund.

Für die Gurke:

- Bereiten Sie ein dunkelgrünes Rechteck (6 x 30 cm) vor.
- Die Kleinen schneiden das Rechteck auf beiden Seiten spitz zu und fertig ist die Salatgurke.
- Zum Schluss kleben die Kinder ihr Gemüse auf hellblaues Tonpapier.

Auch die Gurke schmeckt sehr fein.

So lecker kann Gemüse sein.

Fädelspiel: Nudelkiste

Das brauchen Sie für das Fädelspiel:

- eine flache Holzkiste
- kleine Ringschrauben
- Fädelschnüre oder Schnürsenkel
- Nudeln
- verschiedene Perlen, Holzscheiben usw.

So sieht die Nudelkiste aus.

Gut zu wissen:

Das Fädelspiel macht nicht nur eine Menge Spaß. Es fördert ganz nebenbei auch die Auge-Hand-Koordination, Ausdauer, Feinmotorik und Konzentration Ihrer Jüngsten.

So geht es:

- Drehen Sie mehrere Ringschrauben in die Seiten der Holzkiste ein und knoten Sie jeweils eine Fädelschnur pro Schraube fest.
- Bieten Sie den Kindern nun verschiedene Nudeln zum Fädeln an. Zusätzlich können Sie auch große Perlen, Holzscheiben und andere Materialien zur Verfügung stellen.
- Die Kinder können nun nach Herzenslust Nudeln oder Perlen auffadeln, wie sie möchten. Jeder entscheidet selbst, wie lang seine „Nudelkette" wird und was er dafür verwenden möchte.
- Auch das Herausziehen im Anschluss macht einen Riesenspaß.

Meine Kette besteht nur aus Nudeln.

Tipp:

Das fertige Fädelspiel können Sie den Kindern während des Freispiels zur Verfügung stellen. Die unterschiedlichen Fädelmaterialien lassen sich gut in leeren Joghurtbechern, Eimern oder anderen kleinen Behältern aufbewahren. Verwenden Sie immer ausreichend große Materialien, die Ihre Kleinen nicht verschlucken oder einatmen können.

Nudeln, Tomatensoße und Co.

In der Geschichte „Tine geht einkaufen" hat uns Tine verraten, dass sie sich Nudeln mit Tomatensoße und verschiedenes Gemüse als Geburtstagsessen wünscht. Bestimmt haben ihre Kleinen Freude daran, Tines „Wunschessen" gemeinsam mit Ihnen zuzubereiten. Beziehen Sie die Kinder, ihrem Können entsprechend, mit ein, z. B. beim Gemüseschneiden, Wassereinfüllen oder Tischdecken. Jeder kann mithelfen.

Mmmh, schmeckt das gut!

Zutaten:

- 500 g Nudeln
- ein großes Glas Tomatensoße
- geriebener Käse
- verschiedenes Gemüse (z. B. Karotten, Gurke, Paprika)

Utensilien:

- Schneidebrettchen
- Gemüsemesser
- Teller
- 2 Kochtöpfe
- Kochlöffel
- Sieb
- Schälchen

So geht es:

- Schneiden Sie gemeinsam mit den Kindern das gewaschene Gemüse in Stücke und legen Sie es auf Tellern bereit. Geben Sie den Kindern Hilfestellung beim Schneiden.
- Füllen Sie Wasser in einen Kochtopf und stellen Sie ihn zum Kochen auf den Herd.
- Geben Sie die Soße in den anderen Kochtopf und stellen Sie ihn zum Erhitzen ebenfalls auf den Herd.
- Bis die Nudeln fertig gegart sind und die Soße erhitzt ist, können die Kinder den Käse in ein Schälchen füllen und den Tisch für das gemeinsame Essen decken.

Das Schneiden klappt schon prima.

Auch Wasser in den Topf füllen kann ich schon.

Jetzt kommt die Tomatensoße.

Bald ist Weihnachten

Endlich! Heute bin ich das Adventskind!

Am 24. Dezember, dem *Heiligen Abend*, feiern Christen weltweit das Fest von Jesu Geburt. Weihnachten ist eines der Hauptfeste des Kirchenjahres und gerade für Kinder wunderschön. Bereits die Vorweihnachtszeit, der sogenannte *Advent,* ist mit vielen Bräuchen gefüllt, die schon die Kleinsten genießen. Da gibt es den Adventskalender, an dem man täglich ein Türchen öffnen darf und der einem so das Warten auf Weihnachten versüßt. Auch der Adventskranz ist ein Symbol, das die Vorfreude auf das Fest weckt, wenn jeden Sonntag eine weitere Kerze am Kranz brennt. Der Brauch des Tannenbaumschmückens fasziniert schon die Jüngsten. Überall an den Ästen und Zweigen hängen bunte Glocken, farbenfrohe Anhänger und eine Lichterkette. Der Anblick des Baumes am Heiligen Abend mit den Geschenken darunter lässt Kinderaugen strahlen, denn er ist etwas ganz Besonderes und einmalig im Jahreskreis. Das gegenseitige Beschenken ist ein schöner Brauch, um anderen zu zeigen, dass man sie wertschätzt und an sie denkt. Immer wiederkehrend ist auch die Weihnachtsgeschichte, die jedes Jahr erzählt wird. Damit bietet sich die Advents- und Weihnachtszeit hervorragend an, um mit Ihren Krippenkindern intensiv erlebt zu werden. Zaubern Sie mit Lichterketten und Kerzen eine einzigartige Atmosphäre in die dunkle Winterzeit hinein. Zeigen Sie den Kleinen wunderbare Bräuche, die es nur in dieser Zeit zu erleben gibt, und backen Sie Plätzchen, damit herrlicher Duft die Räume erfüllt.
Wie auch immer Sie diese Zeit mit Ihren Jüngsten verbringen möchten, das folgende Projekt bietet viele Anregungen zur praktischen Umsetzung.

In einer liebevoll erzählten **Geschichte** lernen die Kinder die Weihnachtsgeschichte kennen und werden zum Zuhören angeregt.

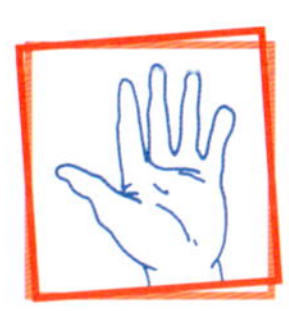

Ein **Fingerspiel** berichtet von Maria, Josef und dem Jesuskind und animiert die Kleinen zum Mitsprechen.

Bei einem **Kreativangebot** gestalten die Kinder die *Heilige Familie* und schulen dabei ihre Feinmotorik und Fingerfertigkeit.

Bei einem wunderschönen **Ritual** wird täglich das „*Adventskind*" ermittelt, welches ein Päckchen aus dem Adventskalender erhält.

Als **Sinneserfahrung** richten die Kinder gemeinsam einen individuellen Adventsteller her, der sie durch die Adventszeit begleitet. Das stärkt das „*Wir-Gefühl*".

Wir wünschen Ihnen und Ihren Kindern eine besinnliche Vorweihnachtszeit, gefüllt mit wunderschönen Momenten!

Die Weihnachtsgeschichte

Die Weihnachtsgeschichte erzählt von der Geburt Jesu und dem langen, beschwerlichen Weg nach Betlehem, den Maria und Josef zurücklegen, ehe ihr Kind in einem Stall zur Welt kommt. Mit den Utensilien aus der Liste können Sie die Erzählung anschaulich darstellen und begleiten.

Das brauchen Sie zum Geschichtenspielen:

- Maria, Josef, Jesuskind (Papier oder Krippenfiguren)
- Esel, Schaf, Ochse (Papier oder Krippenfiguren)
- Häuser (Papier oder Bausteine)
- Mann (Papier oder Figur)
- Mond und Sterne (Papier)
- Stall (Papier oder Krippe)
- Stroh

*Vor sehr langer Zeit lebten einmal ein Mann und eine Frau. Der Mann hieß **Josef** und die Frau **Maria**. Maria erwartete ein **Kind** und es dauerte nicht mehr lange, bis das Baby zu Welt kommen sollte. Gemeinsam mit einem **Esel** waren die beiden unterwegs. Sie suchten einen Platz, wo sie schlafen konnten. Da sie arm waren und kein Geld hatten, beschlossen sie, jemanden um Hilfe zu bitten. Als sie an einem **Haus** vorbeikamen, klopfte Josef an die Tür. Doch es öffnete niemand und so gingen sie weiter. Alsbald erreichten sie ein anderes Haus und versuchten auch dort ihr Glück. Ein **Mann** öffnete.*

„Was wollt ihr?“, fragte er unfreundlich.

„Wir suchen einen Platz für die Nacht“, erklärte Josef.

„Bei mir ist kein Platz. Geht weiter!“, antwortete der Mann und machte die Tür zu. Auch an einem anderen Haus hatten die beiden kein Glück. Niemand wollte ihnen helfen.

*Den ganzen Tag waren Maria und Josef unterwegs. Doch auch als es schon dunkel wurde und der **Mond** und die **Sterne** am Himmel leuchteten, hatten sie noch keinen Platz zum Schlafen gefunden.*

„Mir ist so kalt“, sagte Maria.

*„Ich weiß. Schau, da vorn sehe ich noch ein Haus. Dort versuchen wir ein letztes Mal unser Glück. Bestimmt werden wir dort übernachten können“, versuchte Josef, seiner Frau Mut zu machen. Aber als die zwei dort ankamen, mussten sie feststellen, dass es kein Haus, sondern ein **Stall** war, den sie gefunden hatten.*

*„Komm Maria. Lass uns hineingehen!“, sagte Josef und öffnete die Tür. Drinnen hatten bereits ein **Schaf** und ein **Ochse** eine Bleibe gefunden und so kam es, dass Maria und Josef sich gemeinsam mit ihrem Esel zu den Tieren ins weiche **Stroh** legten. In dieser Nacht kam ihr Kind zur Welt. Sie gaben ihm den Namen Jesus. Die Tiere stellten sich dicht zu ihnen heran, denn sie wollten das neugeborene Kind sehen. Maria und Josef waren glücklich und über dem Stall leuchteten die Sterne besonders hell, denn in dieser Nacht wurde Jesus geboren. Dies ist der Grund, warum die Menschen in jedem Jahr das Weihnachtsfest feiern.*

Alle freuen sich über die Geburt des kleinen Jesus.

Vor langer Zeit in Bethlehem

Verse sprechen …	**… Finger spielen**
Vor langer Zeit in Bethlehem ein kleines Wunder ist geschehn.	*Zeigefinger und Daumen einer Hand dicht übereinander halten.*
In einem Stall, in dunkler Nacht, da ward ein Kind zur Welt gebracht.	*Mit den Händen ein Dach bilden.*
Die Eltern an der Krippe stehn, voll Freude sie ihr Kind ansehn.	*Beide Hände übereinander auf die Brust legen.*
Und auch die Hirten von dem Feld haben sich dazugestellt.	*Mit den Händen auf die Oberschenkel patschen.*
Ein Stern erstrahlt in hellem Schein und alle stimmen fröhlich ein.	*Die Finger einer Hand immer wieder spreizen.*
Drum feiern wir in jedem Jahr das Weihnachtsfest ganz wunderbar.	*Beide Hände mit den Handflächen nach oben waagerecht vor dem Körper auseinanderführen.*

Die Heilige Familie

Das brauchen Sie für die Heilige Familie:

- Tonpapier (hautfarben, weiß, schwarz, hellrot, dunkelrot, braun, grün, hellblau, dunkelblau)
- Schere
- Klebstoff
- Märchenwolle (braun, gelb)
- Wattepad
- Locher
- Fasermaler (schwarz)

Konzentriert basteln die Kinder ihren Josef.

Auch Maria wird mit viel Liebe gebastelt.

So sieht die Heilige Familie aus.

So gestalten die Kinder die heilige Familie:

Für Josef:

➤ Bereiten Sie Folgendes vor:
für den Kopf 1 hautfarbenes Quadrat (6 x 6 cm), 1 weißen Streifen (1 cm breit), 1 hellroten Kreis (3 cm), 1 hautfarbenen Streifen (1,5 cm breit), für den Körper 1 grünes Rechteck (12 x 8 cm), 1 grünen Streifen (14 x 2 cm), 1 hautfarbenen Kreis (3 cm), 1 dunkelroten Streifen (3 x 20 cm), 1 braunen Kreis (4 cm), 1 schwarzen Streifen (1,5 cm breit).
Die Kinder schneiden am Quadrat alle Ecken ab. Vom weißen Streifen schneiden sie zwei Stücke als Augen ab und kleben zwei schwarze Locherpunkte als Pupillen darauf. Den hellroten Kreis schneiden sie mittig durch und verwenden eine Hälfte als Mund. Die Einzelteile setzen sie mit Klebstoff zusammen. Ein roter Locherpunkt dient als Nase, braune Märchenwolle als Haare. Vom hautfarbenen Streifen schneiden die Kleinen ein Stück ab und kleben es als Hals von hinten an den Kopf. Dann schneiden sie an einer schmalen Seite des grünen Rechtecks die Ecken ab. Damit haben sie den Torso. Den grünen und dunkelroten Streifen sowie den hautfarbenen und braunen Kreis schneiden sie mittig durch und verwenden die Hälften als Arme, Beine, Hände und Füße. Vom schwarzen Streifen schneiden sie mehrere Stücke als Knöpfe ab und kleben die Einzelteile zusammen.

Für Maria:

➤ Bereiten Sie Folgendes vor:
für den Kopf: siehe Anleitung Josef (hier gelbe Märchenwolle verwenden)
für den Körper: 1 dunkelblaues Rechteck (16 x 18 cm), 1 dunkelblauen Streifen (14 x 2 cm), 1 hautfarbenen Kreis (3 cm), 1 braunen Kreis (3 cm), 1 hellblauen Streifen (14 x 1,5 cm).

➤ Die Kinder schneiden das Rechteck auf einer Seite spitz zu und die Spitze ab. Den dunkel- und hellblauen Streifen sowie die beiden Kreise schneiden sie mittig durch und benutzen sie als Arme, Beine, Hände und Füße. Die Einzelteile kleben sie zusammen.

Für Jesus:

➤ Bereiten Sie Folgendes vor:
1 braunes Rechteck (5 x 12 cm), 1 braunen Streifen (0,5 x 22 cm), 1 hautfarbenes Quadrat (4 x 4 cm).

➤ Die Kinder schneiden das Rechteck auf beiden Seiten spitz zu. Den Streifen schneiden sie mittig durch. Am Quadrat schneiden sie alle Ecken ab und kleben einen blauen Locherpunkt als Auge auf. Mit dem Fasermaler malen sie einen Mund. Ein Wattepad dient als Decke.

Adventskind

In der Adventszeit haben die meisten Kinder einen Adventskalender zu Hause, an dem sie täglich ein Türchen öffnen dürfen. Neugierig und gespannt können es die Kleinen kaum erwarten, nachzusehen, was sie jeden Tag aufs Neue erwartet. Auch für die Kinder Ihrer Einrichtung können Sie einen tollen Adventskalender gestalten, der sich gut in den täglichen Morgenkreis integrieren lässt. Ob sie diesen basteln oder kleine Päckchen vorbereiten, die in einem Korb aufbewahrt werden, bleibt Ihnen überlassen. Zu einem besonderen Highlight wird das Ganze aber erst dann, wenn Sie es als Ritual zelebrieren. Gestalten Sie hierzu einen **Adventsweg** und ermitteln Sie täglich ihr **Adventskind,** das ein Kalenderpäckchen erhält.

Die ersten Lichter erleuchten den Adventsweg.

So gestalten Sie den Adventsweg:

- Gestalten Sie eine schöne Kulisse, die als Treffpunkt zum täglichen Singen und Erzählen einlädt. Arrangieren Sie für den Adventsweg z. B. braune Tücher und Steine. Auch eine Krippe und Krippenfiguren bieten sich als Dekoration an. Wenn Sie möchten, können Sie den Weg täglich mit einem weiteren Teelicht im Glas erhellen. So sehen die Kinder, dass Weihnachten immer näher rückt.

„Heute bin ich das Adventskind."

So ermitteln Sie das Adventskind:

- Fertigen Sie kleine Kärtchen an. Auf jeder Karte steht der Name eines Kindes. Sie können auch Sterne, Tannenbäume oder andere Dinge basteln und die Namen daraufschreiben. Legen Sie die Namensschilder in eine hübsche Dose und ziehen Sie daraus täglich den Namen des Adventskindes.
- Das so ermittelte Kind darf sich ein Päckchen aus dem Adventskalender nehmen und öffnen. Mit leuchtenden Augen sind die Kinder dabei, selbst wenn sich am Ende herausstellen sollte, dass in allen Päckchen das gleiche Geschenk war. Die Spannung ist jedes Mal aufs Neue vorhanden.

„Was da wohl drin ist?"

Tipp:

Statt den Namen der Kinder vorzulesen, können Sie auch ein kleines Rätselspiel daraus machen. Sagen Sie z. B.:
„Das heutige Kind ist ein Junge. Er hat braune Haare, trägt eine grüne Hose und Hausschuhe mit bunten Punkten. Er hat eine große Schwester."
Die Kinder mögen solche Rätselspiele sehr und raten sicher gern mit.

„Oh! Was für ein schönes Geschenk!"

Adventsteller

Nutzen Sie die Herbstzeit, um mit den Kleinsten einen Ausflug in den Wald zu unternehmen. Dort gibt es vieles zu betrachten, zu erleben und zu sammeln. Waldfrüchte und Tannenzweige, die Sie von diesem Ausflug mitbringen, können später für einen Adventsteller der besonderen Art Verwendung finden. Sicherlich haben Ihre Kinder viel Freude daran, die verschiedenen Waldfrüchte, wie Kastanien, Zapfen, Eicheln oder Nüsse, zu sammeln und mit in die Kita zu nehmen.

Im Wald findet man die tollsten Sachen.

Jeder möchte beim Dekorieren helfen.

So geht es:

- Stellen Sie zunächst vier Kerzen auf einen schönen Teller.
- Lassen Sie die Kinder reihum die Naturmaterialien, die sie im Wald gesammelt haben, auf dem Teller verteilen. Auf diese einfache Art und Weise entsteht ein individuell gestalteter Adventsteller, bei dem schon die Kleinsten mithelfen können.
- Beim gemütlichen Zusammensein in der Adventszeit zünden Sie die Kerzen an. Das verbreitet eine stimmungsvolle Atmosphäre.

Der Adventsteller wird wunderschön.

Alle sind stolz auf das fertige Werk.

Schön ist der Adventsteller geworden und alle haben mitgeholfen.

Die Welt ist rund

Auch die Räder meines Autos sind rund.

Unsere Welt ist rund – und das im wahrsten Sinne des Wortes. Doch nicht nur unser Planet ist rund. Unzählige andere Dinge sind es auch, wie Räder, Knöpfe, Dosen oder einige Obstsorten. Für Kinder sind runde Dinge besonders spannend, weil sie rollen können. Schon die Allerkleinsten sind fasziniert von einem rollenden Ball und versuchen, diesen zu greifen, oder schauen ihm hinterher. Bälle, Kugeln, Murmeln bereiten schon den Jüngsten viel Freude und zaubern ihnen ein Lächeln ins Gesicht. Deshalb liegt ein Schwerpunkt dieses Projekts auf dem Ball. Bälle gibt es in allen Größen und Farben und aus den unterschiedlichsten Materialien, wie Leder, Schaumstoff oder Gummi. Es gibt Fuß- und Handbälle, Wasserbälle, Tischtennis- und Tennisbälle, Hüpfbälle, Golfbälle usw. Je nach Größe und Gewicht haben Bälle unterschiedliche Eigenschaften. So lässt sich ein weicher Schaumstoffball leicht greifen und festhalten, während ein dicker Kunststoffball für kleine Kinderhände einfach nicht zu fassen ist. Der Tischtennisball hüpft sogar lustig auf und ab. Die Kinder können mit Bällen vielfältige Erfahrungen sammeln, experimentieren und sich ausprobieren. Runde Gegenstände sind eine wahre Fundgrube für Kinder jeden Alters. So kann Ihnen das folgende Projekt, das Sie beliebig erweitern und ergänzen können, als Anregung dienen.

In einer kurzen ***Geschichte*** lernen die Kinder die kleine Luise kennen und erfahren, dass es überall viele runde Dinge zu entdecken und zu bestaunen gibt.

Ein tolles **Spiel** aus runden Alltagsgegenständen animiert die Kleinen zum Spielen und verbessert ihre Feinmotorik und ihre Auge-Hand-Koordination.

Bei einem **Kreativangebot** können die Kinder mit runden Dingen individuelle, farbenfrohe Kunstwerke erstellen.

Ein fröhliches **Lied** regt die Kleinen zum Mitsingen an und verbessert ihre Sprachentwicklung.

Tolle **Bewegungsimpulse** mit unterschiedlichen Bällen verbessern das Körpergefühl der Kinder und fördern ihre Kondition.

Nun laden wir Sie ein, sich mit Ihren Jüngsten auf eine Schatzsuche der ganz besonderen Art zu begeben. Sie werden staunen, wie viele runde Dinge sich dabei entdecken lassen.

Die Welt ist rund

Luise und ihre Oma haben sich auf Entdeckungsreise gemacht und suchen alles, das rund ist. Sie können die Materialien aus der Liste verwenden, um die Geschichte anschaulich darzustellen.

Das brauchen Sie zum Geschichtenspielen:

- Luise, Mama, Oma (Papier oder Figuren)
- Apfel (Papier, Spielzeug oder Frucht)
- Kirschen (Papier, Spielzeug oder Früchte)
- Ball
- Murmeln
- Knopf
- Sandspielförmchen
- Steine
- Blaubeeren (Perlen oder Früchte)

Gut zu wissen:

Sie können die Geschichte auch leicht abwandeln, damit Sie runde Gegenstände verwenden können, die Sie vorrätig haben.

Tipp:

Gehen Sie mit den Kindern wie Luise und ihre Oma auf Entdeckungsreise und suchen Sie in Ihrem Gruppenraum oder im Garten nach runden Dingen.

Luise ist zu Besuch bei ihrer ***Oma*** *Erna. Luise ist gern dort, denn Oma spielt immer tolle Spiele mit ihr. „Was wollen wir heute machen?", fragt Luise. Oma Erna überlegt. „Ich hab eine Idee. Das Spiel heißt ‚Ich sehe was, das du nicht siehst.' Kennst du es?" Luise schüttelt den Kopf. „Es ist ganz einfach. Du musst dir etwas aussuchen, das sich hier im Zimmer befindet, z. B. den Apfel auf dem Tisch. Du darfst nicht verraten, was du dir ausgesucht hast. Stattdessen sagst du: ‚Ich sehe was, das du nicht siehst, und das ist grün.' Denn der Apfel ist grün, stimmt's?" „Stimmt!", bestätigt Luise. „Ich muss erraten, welchen Gegenstand du dir ausgesucht hast, und du musst erraten, welchen ich mir ausgesucht habe. Sollen wir es versuchen?" „Ja!", lacht Luise und ist gespannt, was sich ihre Oma aussuchen wird. „Es geht los! Ich sehe was, das du nicht siehst, und das ist rot." Luise schaut sich um. „Sind es die Kirschen in der Obstschale?", fragt sie. „Ja, es sind die Kirschen", bestätigt Oma. „Jetzt bist du dran." Luise denkt nach. Dann sagt sie: „Ich sehe was, das du nicht siehst, und das ist blau!" „Ist es der Ball dort drüben?" „Ja!", brüllt Luise. Dann ist Oma wieder an der Reihe. „Ich sehe was, das du nicht siehst, und das ist gelb." „Gelb?", fragt Luise, denn sie kann nichts Gelbes entdecken. „Es ist ziemlich klein", erklärt Oma Erna. „Ah, es sind die Murmeln in der Murmelbahn", lacht Luise. „Prima! Aber jetzt hab ich mir etwas ganz Schwieriges ausgesucht. Ich sehe was, das du nicht siehst, und das ist lila." Luise kann keinen lilafarbenen Gegenstand entdecken. „Ich weiß es nicht. Was ist denn lila?" Oma schmunzelt. „Es ist dein Hosenknopf!" Tatsächlich, der große* ***Knopf*** *an Luises Hose ist lila. Luise lacht. „Mir ist etwas aufgefallen", sagt Oma. „Alle Gegenstände, die wir uns ausgesucht haben, sind rund." Zum Beweis trägt sie alles zusammen: den Apfel, die Kirschen, den Ball und die Murmeln. „Sogar dein Hosenknopf ist rund", sagt Oma Erna. „Was hältst du davon, wenn wir im Garten auf Entdeckungsreise gehen und alles suchen, was rund ist?" fragt Oma. „Prima Idee!", jubelt Luise. Im Garten finden die beiden unzählige runde Dinge: die Räder von Omas Fahrrad z. B. oder* ***Förmchen*** *für den Sandkasten. Die* ***Steine*** *am Boden und die* ***Blaubeeren*** *an den Sträuchern sind auch rund. Am Abend fragt Luises Mama: „Na, hattet ihr einen schönen Tag?" Darauf sagt Luise nur: „Ich sehe was, das du nicht siehst, und das ist rund." „Rund?", wundert sich ihre Mama. „Was ist denn rund?" „Na, alles! Die ganze Welt ist rund", lacht Luise und schaut ihre Mama geheimnisvoll an.*

Zu zweit geht's manchmal besser.

Schütteldosen

Das brauchen Sie für die Schütteldosen:

- ein rundes Tablett
- runde Dosen und Behälter mit Deckel (leere Cremedosen, Knetdosen, Filmdosen usw.)
- runde Gegenstände (Murmeln, Knöpfe, Kugeln usw.)

So geht es:

- Füllen Sie in jede Dose bzw. in jeden Behälter einen oder mehrere Gegenstände hinein und verschließen Sie diese mithilfe des Deckels. Stellen Sie alle Dosen und Behälter auf das Tablett und bieten Sie es den Kindern im Freispiel an. Auf dem runden Tablett hat das Spiel seinen festen Platz und kann zum Aufräumen einfach dort platziert werden.
- Im Freispiel können die Kinder nun mit den Dosen experimentieren. Wenn Sie Dosen und Behälter aus verschiedenen Materialien, wie Plastik oder Metall, verwenden, entstehen beim Schütteln unterschiedliche Geräusche, was die Kinder sehr spannend finden. Zudem bietet das zusätzliche Gesprächsanreize: Welche Dose ist laut? Welche macht den meisten Krach? Welche Dose ist ganz leise? Ebenso können Sie bei den Materialien variieren. Wattekugeln sind kaum zu hören, während Holzkugeln oder große Glasmurmeln viel Lärm machen. Gleiche Gegenstände in unterschiedlichen Dosen klingen ebenfalls verschieden. Dies animiert die Kinder dazu, die Dosen und Behälter zu öffnen. Wenn die Dosen unterschiedliche Verschlüsse haben, können sich die Kleinen beim Öffnen im Schrauben, Drehen, Stecken, Drücken, Ziehen usw. ausprobieren.
- Im Anschluss können die Kinder die Behälter wieder verschließen. Zuvor dürfen sie die Gegenstände in den Behältern noch umfüllen, um neue Geräuscherlebnisse zu erzeugen. Kinder sind bei diesem Spiel meist mit Ausdauer und Ehrgeiz dabei. Sie schütteln, öffnen, vertauschen und verschließen, bevor sie wieder von vorn beginnen.

Gut zu wissen:

Bei diesem Spiel wird die Feinmotorik der Kinder gefördert, ihre Auge-Hand-Koordination sowie Ausdauer, Konzentration und Fingerfertigkeit. Zusätzlich wird die auditive Wahrnehmung geschult. Ob allein oder mit anderen Kindern zusammen, das Spielen mit den Schütteldosen ist eine tolle Beschäftigung für das Freispiel. Die Kinder können sich gegenseitig helfen und Materialien und Behälter tauschen. Da kleine Teile leicht verschluckt werden können, sollte dieses Spiel nur unter Aufsicht gespielt werden.

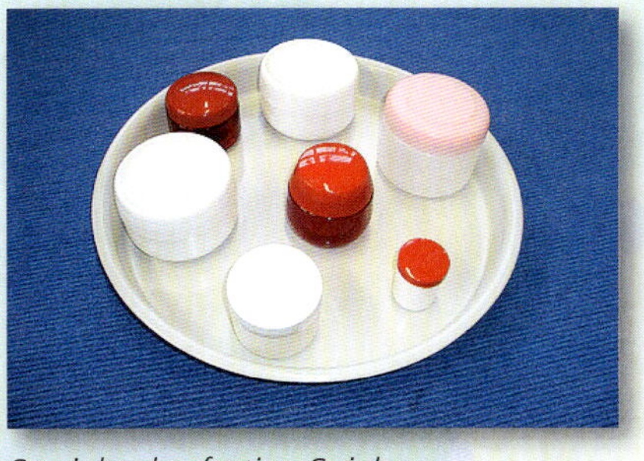

So sieht das fertige Spiel aus.

Das macht Spaß!

Ich hab sie aufbekommen!

Drucken mit Pappröhren

Das brauchen Sie für den Papprollendruck:

- verschiedene Pappröhren
- Fingerfarbe
- Materialschalen
- Papierbögen zum Aufdrucken

So sieht ein fertiges Kunstwerk aus.

Das macht schon den Kleinsten Spaß.

Unsere Bilder sehen ganz unterschiedlich aus.

So gestalten die Kinder ihr Druckkunstwerk:

- Geben Sie etwas Fingerfarbe in die Materialschale und verdünnen Sie diese bei Bedarf mit Wasser. Legen Sie außerdem verschiedene Pappröhren bereit.
- Die Kinder suchen sich nach und nach verschiedene Pappröhren aus, tauchen jeweils die Kante in die Farbe ein und drucken diese auf ihren Papierbogen. Durch die unterschiedlich großen Pappröhren und die verschiedenen Farben entstehen bunte, individuelle Kunstwerke.
- Schon die Kleinsten haben viel Freude am Experimentieren mit Farben und diesen einfachen Materialien.

Fast fertig.

Rot und Gelb sind meine Lieblingsfarben.

Rund, rund, rund

Melodie: traditionell „Grün, grün, grün“ **Text:** Eva Danner

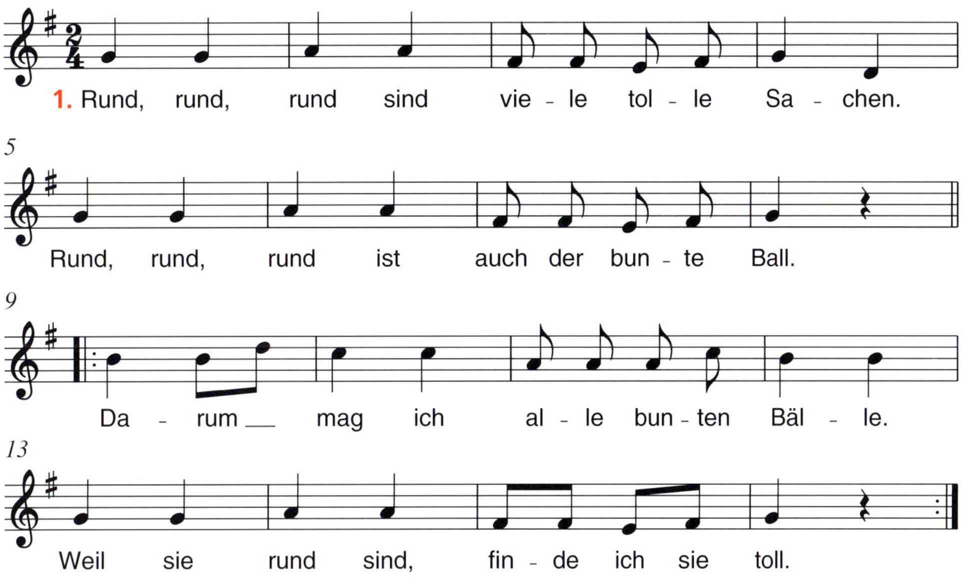

2.
Rund, rund, rund sind viele tolle Sachen.
Rund, rund, rund ist auch das große Rad.
Darum mag ich alle großen Räder.
Weil sie rund sind, finde ich sie toll.

3.
Rund, rund, rund sind viele tolle Sachen.
Rund, rund, rund ist auch mein Hosenknopf.
Darum mag ich alle Hosenknöpfe.
Weil sie rund sind, finde ich sie toll.

4.
Rund, rund, rund sind viele tolle Sachen.
Rund, rund, rund ist auch der Suppentopf.
Darum mag ich alle Suppentöpfe.
Weil sie rund sind, finde ich sie toll.

5.
Rund, rund, rund sind viele tolle Sachen.
Rund, rund, rund ist auch der kleine Stein.
Darum mag ich alle kleinen Steine.
Weil sie rund sind, finde ich sie toll.

Tipp:

Machen Sie mit Ihren Jüngsten eine spannende Entdeckungsreise durch ihren Gruppenraum und suchen Sie gemeinsam nach runden Dingen. Mit Ihren Fundstücken können Sie neue Strophen für das Lied dichten, z. B.: „… ist auch der Muggelstein“, „… ist auch der runde Tisch“, „… ist auch der Flaschendeckel“, „… ist auch das kleine Glöckchen“, „… ist auch die Wasserfarbe“ usw. Sicher finden Sie zusammen mit Ihren Kindern viele tolle, runde Sachen.

Bälle

Passend zum Thema „Die Welt ist rund" bietet sich für die Kleinen eine Bewegungseinheit mit verschiedenen Bällen an.

Das brauchen Sie:

- viele verschiedene Bälle

Nicht wegrollen!

So geht es:

- Große Bälle, kleine Bälle, schwere oder leichte Bälle, ganz weiche oder harte, einfarbige oder bunte Bälle stellen Sie den Kindern Bälle mit den unterschiedlichsten Eigenschaften zum Spielen und Experimentieren zur Verfügung. Auf diese Weise können die Kleinen verschiedene Erfahrungen machen und sich mit den Eigenschaften der unterschiedlichen Bälle vertraut machen.
- Die Kleinen erkennen spielerisch, wie viel Kraft sie benötigen, um einen schweren oder einen leichten Ball zu rollen und diesen zielgerichtet in eine bestimmte Richtung zu lenken.
- Für die Jüngsten ist es schon eine Herausforderung, einen Ball zu greifen oder herauszufinden, wie viele Bälle sie tragen können.
- Auf einem großen Gymnastik- oder Sitzball können die Kinder ihr Gleichgewicht trainieren oder einfach nur entspannen.
- Stellen Sie den Kleinen auch verschiedene Untergründe zur Verfügung. Auf einer weichen Matte z. B. rollen Bälle nicht so gut wie auf dem Boden.

Hab ich dich!

Ich rolle den Ball zu dir.

Einer mehr geht noch.

Auf so einem großen Ball kann man ganz wunderbar entspannen.

Eine Reise nach Afrika

Eine Frucht aus Afrika!

Afrika ist der zweitgrößte Erdteil und beheimatet über eine Milliarde Menschen. Der Kontinent wird auch als die *„Wiege der Menschheit"* bezeichnet. Er verfügt sowohl über Regenwälder und Savannen als auch über eine Vielzahl an Seen, Gebirgen und Wüsten. Afrika ist auch Heimat einer unglaublichen Tierwelt. Die Artenvielfalt ist riesig und man begegnet dort Giraffen, Zebras, Elefanten, Löwen und vielen anderen für uns exotischen Lebewesen. In dem folgenden Projekt haben wir unser Augenmerk verstärkt auf die Menschen gerichtet, die dort leben. Haut- und Haarfarbe der Afrikaner unterscheiden sich von der europäischer Menschen und Musik spielt eine zentrale Rolle in den afrikanischen Kulturen. Kinder unter drei Jahren bemerken bereits Unterschiede in Haut- oder Haarfarbe und auch für die Kleinsten spielt Musik eine zentrale Rolle. Begleitet mit Instrumenten, Tanz und Bewegung zaubert das gemeinsame Musizieren sicher ein Lächeln in die Gesichter Ihrer Jüngsten. Im folgenden Kapitel können Sie Ihre Krippenkinder vom Zauber Afrikas begeistern und mit allen Sinnen in eine faszinierende Welt aus Farben und Musik eintauchen.

In einer spannenden **Geschichte** lernen die Kleinen den Afrikanerjungen Diblo kennen, der einen geheimnisvollen Fund gemacht hat.

Eine interessante **Sachbetrachtung** lädt die Kinder dazu ein, eine Kokosnuss mit allen Sinnen wahrzunehmen.

Bei einem **Kreativangebot** gestalten die Kleinen einen Afrikanerjungen im traditionellen Gewand und verbessern dabei ihre feinmotorischen Fähigkeiten.

Bei einem **Gestaltungsangebot** stellen die Kinder eine Rassel her, die beim gemeinsamen Singen und Musizieren zum Einsatz kommt.

Bei vielfältigen **Bewegungsimpulsen** erkunden die Kinder den afrikanischen Kontinent und schulen dabei ihre Kraft und Ausdauer.

Wir wünschen Ihnen und Ihren Kindern eine abenteuerliche Reise in ein fernes Land mit vielen spannenden Eindrücken und Erfahrungen.

Diblo und die Kokosnuss

Diblo ist ein kleiner Junge, der im fernen Afrika lebt. Bei seinen Streifzügen durch den Dschungel entdeckt er eine Kokosnuss. Mithilfe seines Vaters erfährt er, wie man die Kokosnuss knackt.
Mit den Gegenständen aus der Materialliste wird die Erzählung lebendig.

Das brauchen Sie zum Geschichtenspielen:

- Diblo, Mama, Papa (Papier oder Figuren)
- Hütte (umgedrehter Korb)
- Feuerstelle (aus Ästen und Steinen)
- Dschungel (grüne Tücher)
- Baum (Papier)
- Kokosnuss
- Stein
- Messer

Hier lebt Diblo.

*Diblo lebt mit seiner **Mama** und seinem **Papa** in einem fernen Land, das Afrika heißt. „Ich gehe spielen!", ruft er. „Geh aber nicht zu weit weg!", mahnt seine Mutter. „Werd ich nicht", antwortet Diblo und flitzt los. Diblo wohnt in einer **Hütte** aus Bambus. Direkt davor hat sein Vater eine **Feuerstelle** errichtet. Dazu hat er Holz auf einen Haufen gestapelt und viele große Steine drum herum gebaut. Darauf bereitet Diblos Mama das Essen zu. Ihr Zuhause liegt mitten im **Dschungel**. Das ist ein riesiger Wald mit großen Bäumen und vielen Pflanzen. Als Diblo gerade froh umherspaziert, fällt dicht neben ihm etwas auf die Erde. „Platsch!", macht es und er bleibt erschrocken stehen. „Ach herrje! Was ist denn das?", ruft er laut und betrachtet den merkwürdigen Gegenstand. Er ist rund und dunkelbraun. Diblo nimmt ihn in die Hand. „Ziemlich schwer", stellt er fest. „Wo ist denn dieses Ding so plötzlich herkommen?", fragt er sich und blickt nach oben. „Es scheint, als sei es vom Himmel gefallen." Da bemerkt er einen großen **Baum**. Ganz weit oben hat er viele grüne Blätter und dazwischen wachsen noch mehr von diesen braunen Kugeln. „Aha! Von da oben kommst du also!" Doch noch immer weiß er nicht, was er da gefunden hat. Vorsichtig schüttelt er den Gegenstand. „Klingt, als ob Wasser drin wäre. Aber wie ist es denn da hineingekommen?", fragt er sich und betrachtet die Kugel aufmerksam. Nirgendwo entdeckt er eine Öffnung. Da beschließt Diblo, das Ding mit nach Hause zu nehmen. „Vielleicht weiß Papa, was das ist." Bei der Hütte angekommen, warten seine Eltern schon auf ihn. „Da bist du ja endlich!", begrüßt sein Vater ihn. „Was hast du denn mitgebracht?", will er wissen. „Das hab ich gefunden. Beinahe wäre es mir auf den Kopf gefallen." „Du hast eine Kokosnuss gefunden", sagt sein Papa. „Eine Kokosnuss?" „Genau. Man kann sie essen", erklärt Papa. „Willst du sie probieren?" Natürlich will er das und beißt kurzerhand hinein. „Aua!", schreit Diblo. „Die ist ja steinhart und schmeckt scheußlich. Igitt!" Diblos Eltern müssen lachen. „Was ist so komisch daran?", fragt Diblo. Seine Mutter erklärt: „Man muss die Schale entfernen, bevor man die Kokosnuss essen kann. Schau genau zu! Dein Vater wird es dir zeigen." Mit einem **Stein** klopft Diblos Papa fest auf die braune Schale, bis ein dünner Riss entsteht. Nach einer Weile wird der Riss breiter und schließlich bricht die Kokosnuss in zwei Hälften. „Oh!", staunt Diblo, denn das Innere ist ganz weiß und eine durchsichtige Flüssigkeit tropft heraus. Der Vater reicht seinem Sohn eine Hälfte. „Probier mal!" Diblo trinkt das süße Wasser. „Hmm!", schmatzt er. Dann schneidet sein Papa mit einem **Messer** ein weißes Stück ab und reicht es ihm. Diblo ist überrascht, wie gut die Kokosnuss schmeckt, und alle gemeinsam freuen sich über Diblos Fund.*

Kokosnuss

In der Geschichte *„Diblo und die Kokosnuss"* erfahren die Kinder von einem geheimnisvollen Fund. Eine seltsame, braune Kugel fällt von einem Baum herab und seine Eltern verraten Diblo, welches Geheimnis sich dahinter verbirgt.
Sicher sind auch Ihre Kleinen neugierig und interessiert daran, selbst einmal solch eine *„braune Kugel"* in den Händen zu halten, zu beobachten, wie die harte Kokosnuss geöffnet wird und zu erfahren, was sich darin verbirgt.

Ganz schön schwer, so eine Kokosnuss!

So geht es:

- Geben Sie den Kindern eine Kokosnuss und lassen Sie ihnen ausreichend Zeit, diese eingehend zu untersuchen: Wie fühlt sie sich an? Ist sie schwer oder eher leicht? Hat sie eine glatte Oberfläche? Wie klingt es, wenn man darauf klopft? Ist etwas zu hören, wenn man sie schüttelt?
- Öffnen Sie im Anschluss daran vorsichtig die Kokosnuss und sammeln Sie das Kokoswasser.
- Nun haben die Kinder Gelegenheit, das Innere der Kokosnuss genauer zu betrachten. Vielleicht können sie auch den typischen Geruch wahrnehmen, wenn sie daran riechen.
- Wer möchte, darf vom Fruchtfleisch der Kokosnuss probieren, aber aufgepasst: Da es sehr fest und faserig ist, kann es von den jüngsten Krippenkindern nur schwer gekaut werden.
- Ebenso können die Kinder vom Kokoswasser kosten, welches, solange es verschlossen in der Kokosnuss ist, keimfrei ist.

Wie die Kokosnuss wohl von innen aussieht?

Auf spannende Art und Weise und mit allen Sinnen erfahren die Allerkleinsten so, welches Geheimnis sich hinter dieser unscheinbaren „braunen Kugel" verbirgt.

Das riecht aber interessant!

Mal schauen, wie es schmeckt.

Mmmh, lecker!

Diblo, der Afrikanerjunge

Das brauchen Sie für den Afrikanerjungen:

- Tonpapier (braun, weiß, schwarz, rot)
- Schere
- Klebstoff
- Märchenwolle (braun)
- eine leere Toilettenpapierrolle
- eine Wattekugel (5 cm Durchmesser)
- Fingerfarbe (braun)
- Pinsel
- Holzspieß
- Stoffreste

Jetzt hat der Junge schöne Haare auf seinem Kopf.

Nun fehlen nur noch die Arme.

So gestalten die Kinder ihren Afrikanerjungen:

Für den Körper:

- Die Kinder bemalen die Toilettenpapierrolle mit einem Pinsel und brauner Fingerfarbe und lassen sie im Anschluss trocknen.

Für den Kopf:

- Stecken Sie den Holzspieß in die Wattekugel hinein, damit sich diese beim Malen besser festhalten und zum Trocknen in ein Gefäß stellen lässt.
  Die Kleinen bemalen die gesamte Kugel mit brauner Fingerfarbe und Pinsel und lassen sie trocknen.

Malen mit Fingerfarben macht viel Spaß!

Um den Kopf zu bemalen, muss ich mich ganz schön konzentrieren.

Für das Gesicht:

- Bereiten Sie für die Augen einen weißen Streifen (1 cm breit) und für den Mund einen roten Kreis (1,5 cm Durchmesser) vor. Die Kinder schneiden am weißen Streifen zwei Stücke als Augen ab und kleben schwarze Locherpunkte als Pupillen auf. Den Kreis schneiden sie mittig durch und verwenden eine Hälfte als Mund. Die Einzelteile des Gesichtes befestigen die Kinder mit Klebstoff an der Wattekugel und fixieren einen schwarzen Locherpunkt als Nase. Etwas Märchenwolle kleben sie als Haare fest.

Für Arme und Kleider:

- Schneiden Sie für die Arme einen braunen Streifen (10 x 1,5 cm) und für die Hände einen braunen Kreis (2,5 cm) zu.
- Die Kleinen schneiden beides mittig durch und befestigen jeweils einen Halbkreis an einem Arm.

Fertigstellung:

- Schneiden Sie aus dem Stoff ein 5 cm breites Stück zu und kleben Sie es mittig einmal um die Toilettenpapierrolle herum. Befestigen Sie Kopf und Arme. Fertig ist Diblo!

Diblo ist fertig.

Rassel

Musik und Tanz sind bedeutende Bestandteile der afrikanischen Kultur. Die Musik kann eine ungeheure Lebensfreude ausdrücken, sodass schon die Allerkleinsten Freude daran haben, Musikinstrumente herzustellen und sie zu afrikanischen Rhythmen erklingen zu lassen.

So viele Kaffeebohnen!

Gemeinsames Musizieren ist toll!

So geht es:

- Füllen Sie die Kaffeebohnen in einen Korb und geben Sie den Kindern Gelegenheit, diese genauer zu betrachten.
- Rollen Sie das Blatt Papier zu einer Art Trichter zusammen und stecken Sie diesen in die Öffnung der Flasche. Mit dem Löffel können die Kinder nun die Kaffeebohnen einfüllen. Das erfordert Geschick und Konzentration.
- Verschließen Sie die Flasche sorgfältig mit dem Schraubverschluss und verzieren Sie sie mit einigen Perlen und Federn.

Konzentration! Dann sind die Kaffeebohnen bald in der Flasche.

Die Rassel ist fertig.

Das brauchen Sie für die Rassel:

- eine durchsichtige Plastikflasche
- Kaffeebohnen
- einen Korb
- einen Löffel
- ein Blatt Papier
- zum Verzieren: Paketschnur, bunte Perlen, Federn

Tipp:

Neben den Rasseln können die Kinder auch die leeren Kokosnusshälften von der Sachbetrachtung zum Musizieren verwenden und auf ihnen trommeln.

Eine Reise nach Afrika

Schifffahrt

Das brauchen Sie:

- einen großen Pappkarton
- Gymnastikstäbe oder stabile Papprollen
- 2 Bodenmatten

So geht es:

Legen Sie die Gymnastikstäbe nebeneinander zwischen die beiden Bodenmatten und stellen Sie den Pappkarton als Schiff auf die Stäbe.
Erzählen Sie den Kindern, dass sie auf dem Weg nach Afrika ein großes, weites Meer überqueren müssen. Dazu ziehen Sie den Pappkarton mit je einem Kind darin über die Stäbe von einer „Uferseite" zur anderen.

Ein tolles Schiff!

In den Bäumen

Das brauchen Sie:

- ein Klettergerüst
- ein dickes langes Tau
- grüne Tücher
- einen Korb
- Matten

So geht es:

Befestigen Sie das Tau als Schaukel, indem Sie es schlaufenförmig über die Sprossen legen und festknoten. Hängen Sie die Tücher lose am Kletternetz auf und stellen Sie den Korb darunter. Sichern Sie alles mit Matten ab.
Nun können die Kinder nach Belieben in den Bäumen schaukeln oder in die Baumkronen klettern und „Palmblätter" pflücken. Diese können sie zur Erde fallen lassen und nach dem Herabsteigen in den Korb legen.

Ich schaukle in den Bäumen.

Hier wachsen aber viele Palmblätter!

Kokosnüsse transportieren

Das brauchen Sie:

- ein langes Seil
- einen Korb mit Henkel
- braune Bälle
- zwei Körbe
- ein Kastenoberteil

So geht es:

Spannen Sie das Seil mit etwas Gefälle quer durch den Raum. Hängen Sie vor dem Festknoten den Korb mit Henkel ein.
Geben Sie die Bälle in einen Korb und stellen Sie diesen auf das Kastenoberteil. Stellen Sie den anderen Korb an der gegenüberliegenden Seite auf.
Die Kinder klettern auf das Kastenoberteil (Baum) und nehmen sich eine Kokosnuss (Ball). Diese legen sie in den „Transport-Korb" und ziehen ihn auf die andere Seite der „Schlucht". Dort wird die „Kokosnuss" wieder herausgenommen und in den anderen Korb gelegt.

Und wieder eine Kokosnuss transportiert.

Wer will fleißige Handwerker sehn?

Schon Krippenkinder interessieren sich für verschiedene Berufe, die ihnen in ihrem Alltag immer wieder begegnen. Sicher kennen Sie die Situation, wenn alle Kinder zum Fenster stürmen und rufen: *„Die Müllabfuhr kommt!“*. Besonderes Interesse zeigen die Kleinen an handwerklichen Berufen, zu denen z. B. der Klempner, Elektriker oder Maler zählen. Vor allem das Baugewerbe fasziniert bereits die unter 3-Jährigen, denn die Baustelle ist eine wahre Fundgrube für Entdeckungen aller Art. Da gibt es ungeheuer viel zu beobachten und zu bestaunen. Zum einen sind da verschiedene Fahrzeuge, wie Bagger, Kipplaster oder Kran, die herumfahren und ihre Arbeit erledigen. Zum anderen wecken die vielen Arbeiter die Neugier der Kleinen. Da sind Maurer und Maler anzutreffen, Schreiner, Dachdecker und viele andere. Mit Werkzeugen ausgestattet, machen sie sich an die Arbeit und es klopft, hämmert und bohrt überall auf der Baustelle.

Unterwegs zur Baustelle.

Schon kleine Kinder spielen gern mit einem Werkzeugkoffer. Da wird der Hammer zum Klopfen verwendet und die Bohrmaschine mit lauten Geräuschen eingesetzt. Mit den hier vorgestellten Angeboten und dem vorhandenen Interesse Ihrer Jüngsten lässt sich das folgende Projekt prima umsetzen und wird die Kleinen sicher begeistern.

In einer **Geschichte** begleiten die Kinder Johannes und seinen Papa auf eine Baustelle und erfahren Wissenswertes über die Berufe Maurer, Dachdecker und Co.

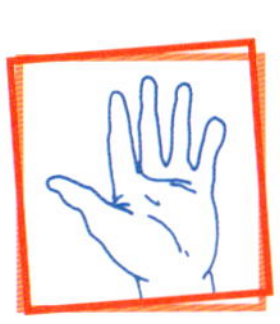

Bei einem **Fingerspiel** werden die Kleinen zum Mitsprechen und Mitbewegen angeregt.

Bei einem **Kreativangebot** werden die Kinder selbst zu Handwerkern und gestalten ihr eigenes Haus.

Ein fröhliches **Lied** berichtet von den fleißigen Handwerkern und animiert die Kleinen zum Mitsingen.

Ein einfach herzustellendes **Spiel** fördert die Feinmotorik und Auge-Hand-Koordination der Kinder und macht obendrein eine ganze Menge Spaß.

Begleiten Sie uns nun auf eine Baustelle der ganz besonderen Art und zeigen Sie Ihren Jüngsten Spannendes und Interessantes aus dem Alltag der Handwerker.

Johannes und der Bagger

Kinder lieben Baustellen. Auch der kleine Johannes mag es, großen Fahrzeugen und fleißigen Handwerkern beim Arbeiten zuzuschauen. Gemeinsam mit seinem Papa besucht er eine nahe gelegene Baustelle und beobachtet, wie ein neues Haus entsteht. Mit den Materialien der Liste können Sie die Geschichte lebendig gestalten.

Das brauchen Sie zum Geschichtenspielen:

- Johannes, Papa (Papier oder Figuren)
- Baustelle (braunes Tuch)
- Sand, kleine Steine
- Arbeiter (Papier oder Figuren)
- Hammer
- Holzbalken (kleine Holzlatte)
- Steine (Bauklötze)
- Fensterscheiben (Papier)
- Ziegel (Papier)
- Bagger (Spielzeug)
- Schaufel
- Schubkarre (Spielzeug oder Karton)

Da kommt der große Bagger.

*Johannes freut sich schon den ganzen Nachmittag darauf, dass sein **Papa** endlich von der Arbeit nach Hause kommt. Die beiden haben nämlich etwas Tolles vor: Nicht weit von ihrem Zuhause entfernt ist seit ein paar Tagen eine große Baustelle. Ein neues Haus wird dort gebaut und Johannes möchte schon die ganze Woche über die Baustelle besuchen. Heute ist es endlich so weit. Nach langen Stunden des Wartens öffnet Papa die Haustür. Johannes steht schon im Flur. „Baustelle!", ruft er sofort. Sein Vater lacht. „Na, da kann es jemand wohl gar nicht mehr erwarten." Die beiden machen sich auf den Weg. Nach einigen Minuten erreichen sie die **Baustelle**. Überall liegen **Sand**, Kies und **Steine** auf riesigen Haufen. Viele **Arbeiter** sind fleißig am Werk. Mit einem **Hammer** werden Nägel in dicke **Holzbalken** geklopft. Andere Arbeiter sind damit beschäftigt, **Fensterscheiben** einzusetzen. Auf dem Dach setzt ein Mann **Ziegel** ein, damit es später nicht in das Haus hineinregnen kann. Überall klopft und hämmert es. Zwei Arbeiter bauen gerade eine große Garage neben das Haus und setzen schwere **Steine** aufeinander. Johannes ist begeistert. „Die Männer müssen viel arbeiten, bis Haus und Garage fertig sind", erklärt der Vater. „Da müssen Wände gebaut, das Dach gedeckt und Fensterscheiben eingesetzt werden." Schließlich entdeckt Johannes das, worauf er die ganze Zeit über gewartet hat. Ein großer **Bagger** kommt die Straße entlanggefahren, genau auf die beiden zu. „Bagger!", brüllt Johannes aufgeregt. Der Bagger hat Sand geladen und kippt ihn neben der Baustelle ab. Einer der Arbeiter kommt mit einer **Schaufel** herbei und füllt eine **Schubkarre** mit dem Sand. Johannes und sein Vater beobachten die Männer eine ganze Weile. Dann sagt Papa: „Jetzt müssen wir aber nach Hause. Mama wartet schon auf uns." „Bagger!", antwortet Johannes, der am liebsten noch viel länger auf der Baustelle bleiben würde. „Wir können morgen wiederkommen. Bestimmt ist der Bagger dann auch noch hier. Was denkst du? Sollen wir morgen noch einmal kommen?" „Ja!", jubelt Johannes und kann es kaum erwarten, dass sie am nächsten Tag wieder die Baustelle besuchen. Dann machen sich die zwei auf den Heimweg. Zu Hause hat Johannes nämlich seiner Mama eine ganze Menge zu erzählen: von den Arbeitern, den vielen Steinen, den Fensterscheiben und den Dachdeckern und natürlich von dem Bagger, der so viel Sand in seiner Schaufel geladen hatte.*

Häuschen bauen

Verse sprechen …	… Finger spielen
Kommt, lasst uns ein Häuschen bauen! Alle Leute können schauen.	*Mit einer Hand zu sich her winken.* *Mit einer Hand die Augen beschatten.*
Stein auf Stein, immer weiter, bald schon brauchen wir 'ne Leiter.	*Hände abwechselnd übereinanderlegen.* *Pantomimisch eine Leiter aufstellen.*
Dann kommen Tür'n und Fenster rein. Jeder weiß: So muss das sein.	*Pantomimisch Türen und Fenster einsetzen.*
Oben drauf, da muss ein Dach, ganz egal, ob spitz, ob flach.	*Mit den Händen erst ein spitzes, dann ein flaches Dach über dem Kopf formen.*
Einen Schornstein braucht es auch, denn durch ihn da zieht der Rauch.	*Mit einem Finger eine Spirale nach oben beschreiben.*
Und nun streichen wir es an. Jeder malt, so gut er kann.	*Auf-und-ab-Bewegungen mit der Hand ausführen.*
Fertig ist das kleine Haus. Sieht es nicht ganz lustig aus?	*In die Hände klatschen.*

Kartonhaus

Mit der Farbrolle kann ich schon umgehen.

Das brauchen Sie für das Kartonhaus:

- 2 Kartons
- Plakatfarbe (rot, schwarz)
- 2 Schalen
- eine Farbrolle
- einen Schwamm
- Tonpapier (blau, braun)
- Schere
- Klebstoff
- Heißkleber

Mit dem Schwamm lassen sich die Ziegel ganz einfach tupfen.

So sieht das fertige Kartonhaus aus.

So gestalten die Kinder ihr Kartonhaus:

Für den Korpus:

Geben Sie etwas rote Farbe in eine Schale und legen Sie die Farbrolle bereit.
Die Kinder bestreichen einen der beiden Kartons rundum mit der Farbe.

Für das Dach:

- Schneiden Sie von dem anderen Karton zwei zusammenhängende Seiten mit der Falz in der Mitte aus. Geben Sie etwas schwarze Farbe in eine Schale und legen Sie den Schwamm bereit.
- Die Kinder tupfen nun mit dem Schwamm die Farbe als Dachziegel auf das Dach.
- Nach dem Trocknen befestigen Sie das Dach mit Heißkleber an dem roten Karton.

Für Fenster und Tür:

- Für die Fenster bereiten Sie einen blauen Tonpapierstreifen vor und für die Tür einen etwas breiteren braunen. Die Größe richtet sich dabei nach der Größe des Kartonhauses.
- Die Kinder halbieren den blauen Streifen und befestigen die beiden entstandenen Teile mit Klebstoff als Fenster an dem roten Karton. Vom braunen Streifen schneiden die Kinder ein großes Stück ab und kleben es als Tür auf.

Tipp:

Stellen Sie die Häuser der Kinder zu einer kleinen Landschaft zusammen. In dieser können die Kinder mit Fahrzeugen und Holzfiguren spielen.

Wer will fleißige Handwerker sehn

Melodie: traditionell „Wer will fleißige Handwerker sehn" **Text:** Beate Vogel

2.
Wer will fleißige Handwerker sehn? Der muss zu uns Kindern gehn.
Stein auf Stein, Stein auf Stein, so muss das bei dem Maurer sein.

3.
Wer will fleißige Handwerker sehn? Der muss zu uns Kindern gehn.
Oh, wie fein, ob groß, ob klein, der Schreiner setzt die Fenster ein.

4.
Wer will fleißige Handwerker sehn? Der muss zu uns Kindern gehn.
Und das Dach und das Dach, das wird vom Zimmermann gemacht.

5.
Wer will fleißige Handwerker sehn? Der muss zu uns Kindern gehn.
Tauchet ein! Tauchet ein! Der Maler streicht die Wände fein.

6.
Wer will fleißige Handwerker sehn? Der muss zu uns Kindern gehn.
Das Lied ist aus. Das Lied ist aus. Die Kinder gehen nun nach Haus.

Nagelkiste

Viele fleißige Handwerker haben sich an der Nagelkiste angefunden.

Das brauchen Sie für die Nagelkiste:

- eine flache Holzkiste
- Styroporplatten
- Golfnägel
- Holzhämmer
- kleine Schalen
- Holzsteckteile mit Loch

So lässt sich auch ein richtig hübsches Bild machen.

Hier können gleich mehrere gleichzeitig spielen.

So geht es:

- Schneiden Sie die Styroporplatte passend für Ihre Holzkiste zu, und legen Sie diese hinein. In kleinen Schalen können Sie den Kindern Golfnägel sowie verschiedene Holzsteckteile anbieten. Legen Sie mehrere Holzhämmer zum Spiel dazu, und schon kann der Spielspaß beginnen.
- Die Kleinen können nun die Golfnägel mit dem Hammer in die Styroporplatte hinein klopfen. Die breite Auflagefläche der Nägel erleichtert den Kindern das Zielen und ermöglicht es ihnen so, diese mit dem Hammer besser zu treffen.
- Zusätzlich können auch bunte Holzsteckteile mit den Golfnägeln in der Platte befestigt werden. Dazu stecken die Kinder die Nägel durch das Loch und klopfen sie mit dem Hammer in das Styropor hinein.

Gut zu wissen:

Dieses Spiel bietet den Kindern einen festen Platz, um handwerkliche Erfahrungen zu sammeln. Sie verbessern ganz nebenbei ihre Feinmotorik und Auge-Hand-Koordination, während sie fast wie richtige Handwerker mit Holzhammer und Golfnägeln arbeiten.

Hase, Kaninchen und Co.

Hasen und Kaninchen sind Säugetiere und Pflanzenfresser. Schon die Jüngsten mögen diese hoppelnden Tiere mit dem weichen Fell sehr gern. Wenn sie an Möhren oder leckerem Salat knabbern, sieht das putzig aus und die Kinder schauen ihnen mit Freude dabei zu. Hasen sind, außer in der Antarktis, auf allen Kontinenten heimisch. Die Farbe ihres Fells variiert von Weiß über Grau bis hin zu Braun. Sie sind typische Einzelgänger, die bevorzugt im Freien leben.
Kaninchen sind im Vergleich zu Hasen um einiges kleiner und wohnen in Bauten unter der Erde. Sie sind gesellige Tiere und leben meist mit anderen Artgenossen zusammen. Kaninchenbabys kommen völlig nackt zur Welt, während die Neugeborenen der Hasen bereits ein Fell haben.
Da sich schon Krippenkinder für Hasen und Kaninchen interessieren, haben wir uns entschieden, diesen Tieren ein Projekt zu widmen. Auf den folgenden Seiten stellen wir Ihnen verschiedene Angebote rund um das Thema vor, mit denen Sie das Interesse Ihrer Jüngsten wecken und sie an einen artgerechten Umgang mit den Tieren heranführen können.

Mama Kaninchen ist zu Besuch gekommen.

In einer fröhlichen **Geschichte** nimmt Förster Franz die Kinder mit auf einen Streifzug durch den Wald, wo er einer Kaninchenfamilie begegnet.

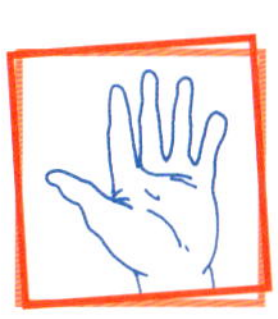

Ein kurzes **Fingerspiel** über fünf Hasen regt die Kleinen zum Mitsprechen an und fördert ihre Sprachentwicklung.

Bei einem **Kreativangebot** dürfen die Kinder ihren eigenen Hasen gestalten und verbessern dabei ihre Feinmotorik.

Ein lustiges **Singspiel** animiert die Kleinen zum Mitsingen und Mitbewegen.

Vielfältige **Bewegungsimpulse** machen den Kindern viel Freude und stärken ihre Kondition und Ausdauer sowie ihre Arm- und Beinmuskulatur.

Viel Spaß bei Ihren Streifzügen mit Hase, Kaninchen und Co. wünschen wir Ihnen und Ihren kleinen Entdeckern.

Der Förster und das Kaninchen

Förster Franz möchte eine Kaninchenfamilie im Wald besuchen. Sogar leckere Karotten hat er ihnen mitgebracht. Mit den Gegenständen aus der Materialliste können Sie die Geschichte lebendig gestalten und anschaulich darstellen.

Das brauchen Sie zum Geschichtenspielen:

- Förster (Papier oder Figur)
- Korb
- Karotten (Papier oder Spielzeug)
- Wald (grünes Tuch)
- Bäume (Papier)
- Pilze (Papier oder Spielzeug)
- Kaninchenbau (braunes Tuch)
- Kaninchen (Papier oder Figur)

Das kleine Kaninchen stellt sich vor.

Förster Franz hat gehört, dass im Wald eine Kaninchenfamilie leben soll. Diese möchte er natürlich liebend gern einmal besuchen. Doch die Kaninchen haben sich unter der Erde ein schönes Zuhause gebaut, den sogenannten Kaninchenbau. Das macht es für den Förster nicht gerade einfach, sie zu entdecken. Dennoch will er sich auf die Suche machen. Vorsorglich hat er noch ein paar **Karotten** *in seinen* **Korb** *gepackt, den er nun mit in den Wald nimmt. Kaninchen mögen Karotten nämlich sehr. Vielleicht kann Franz sie damit aus ihren Bau herauslocken. Er läuft so weit in den* **Wald** *hinein, dass es schon etwas dunkel um ihn herum wird, weil so viele große* **Bäume** *dort wachsen. Der Waldboden ist überall mit Moos bedeckt und* **Pilze** *schauen aus der Erde heraus. Da entdeckt der Förster auf einmal ein Loch im Boden. Leise schleicht er sich näher heran. Hat er etwa den* **Kaninchenbau** *gefunden? Franz schaut vorsichtig hinein, kann aber nichts erkennen. In dem Loch ist es stockdunkel und man kann nicht das Geringste sehen. Er versucht, zu lauschen, ob Geräusche im Inneren des Baus zu hören sind. Dazu hält der Förster sein Ohr dicht an die Erdöffnung. Und tatsächlich: Er hört etwas. Es klingt wie ein leises Quietschen oder Piepsen. Der Förster ist sich sicher, dass hier das Zuhause der Kaninchenfamilie ist. Zu gern würde er die Kleinen sehen. Deshalb versucht er es mit einem Trick: Er nimmt eine Karotte aus seinem Korb und hält sie über das Erdloch. Es dauert nicht lange, da hört Franz ein Geräusch und dann geschieht das Unfassbare. Ein* **Kaninchen** *streckt seinen Kopf heraus. Es ist braun und hat lange Schlappohren. „Hallo!", begrüßt Franz es. „Hier, für dich." Er legt die Karotte ins Gras. Zuerst zögert das Kaninchen noch, doch dann kommt es aus dem Bau heraus und hoppelt zu der Karotte hin. Franz legt noch weitere Karotten ins Gras und hofft, dass auch die anderen Kaninchen aus dem Bau herauskommen. Doch daraus wird heute wohl nichts, denn das Kaninchen zieht die Karotten in den Bau hinein, eine nach der anderen, bis keine einzige mehr im Gras liegt. Sogleich hört der Förster ein Schmatzen und Mampfen im Kaninchenbau. Allen scheint das mitgebrachte Futter zu schmecken. Schade nur, dass er die Babys nicht sehen konnte, aber vielleicht sind sie einfach noch zu klein. Franz will auf jeden Fall bald wiederkommen. Vielleicht bekommt er dann die kleinen Kaninchen zu Gesicht. „Lasst es euch schmecken!", ruft er noch in den Bau hinein, ehe er sich mit dem leeren Korb auf den Heimweg macht.*

Fünf Hasen

Verse sprechen …	… Finger spielen
Fünf Hasen springen übers Feld, weil ihnen das so gut gefällt.	*Alle fünf Finger einer Hand zeigen.*
Der erste, der hüpft in die Luft und schnuppert an dem Blumenduft.	*Den Daumen zeigen.* *Mit der Nase in die Luft schnuppern.*
Der zweite Hase ruft: „Juche!" Er knabbert froh am grünen Klee.	*Daumen und Zeigefinger zeigen.* *Pantomimisch knabbern.*
Der dritte kommt nun auch hervor und wackelt mit dem Hasenohr.	*Daumen, Zeige- und Mittelfinger zeigen.* *Hände als Ohren an den Kopf halten und damit wackeln.*
Der vierte Hase ist nicht dumm, schaut sich nach allen Seiten um.	*Daumen, Zeige-, Mittel- und Ringfinger zeigen. Mit einer Hand die Augen beschatten.*
Der fünfte kuschelt sich ins Gras. Das kitzelt ihn an seiner Nas.	*Daumen, Zeige-, Mittel-, Ring- und kleinen Finger zeigen. Sich an der Nase kitzeln.*
Am Abend hoppeln sie dann heim und kuscheln sich ins Nest hinein.	*Mit den Händen auf die Oberschenkel patschen.* *Gähnen und die Augen schließen.*

Kaninchen

Das brauchen Sie für das Kaninchen:

- Tonpapier (hellbraun, dunkelbraun, schwarz, weiß)
- Schere
- Klebstoff
- Watte
- braune Schnürsenkel oder Paketschnur
- Locher
- Klebeband

Gleich sind die Ohren fertig.

Jetzt bekommt mein Kaninchen seinen Schwanz.

So gestalten die Kinder ihr Kaninchen:

Für den Kopf:

- Schneiden Sie für den Kopf ein dunkelbraunes Rechteck (8 x 10 cm) sowie zwei Rechtecke (2 x 8 cm) für die Ohren zu. Bereiten Sie für die Augen einen weißen Streifen (1,5 cm breit), für die Schnurrhaare zwei schwarze Streifen (0,3 x 20 cm), für die Nase einen hellbraunen Streifen (2 cm breit) und für den Hals einen dunkelbraunen Streifen (2 cm breit) vor.
- Die Kinder schneiden auf einer schmalen Seite des Kopfes beide Ecken großzügig, auf der gegenüberliegenden Seite geringfügig ab. Bei den Ohren schneiden sie auf jeweils einer schmalen Seite beide Ecken ab und befestigen sie von hinten am Kopf.
- Vom weißen Streifen schneiden die Kleinen zwei Stücke als Augen ab und kleben schwarze Locherpunkte als Pupillen darauf. Die schwarzen Streifen schneiden sie mittig durch und verwenden alle entstandenen Hälften als Schnurrhaare. Vom hellbraunen Streifen schneiden die Kinder ein Stück als Nase ab. Die Einzelteile des Gesichtes setzen sie mit Klebstoff zusammen. Seien Sie ihnen beim fächerartigen Kleben der Schnurrhaare behilflich. Zum Schluss schneiden die Kinder vom dunkelbraunen Streifen ein Stück als Hals ab und fixieren es von hinten am Kopf.

Für den Körper:

- Bereiten Sie für den Bauch ein dunkelbraunes Rechteck (12 x 16 cm), für die Hinterpfoten einen Kreis (4 cm Durchmesser) und für die Vorderpfoten zwei Rechtecke (3 x 2,5 cm) vor.
- Die Kinder schneiden am Bauch beide Ecken einer schmalen Seite ab. Den Kreis schneiden sie mittig durch und verwenden beide Hälften als Hinterpfoten. Bei den beiden Rechtecken schneiden die Kleinen auf jeweils einer schmalen Seite die Ecken ab.

Für Arme und Beine:

- Nehmen Sie zwei Schnürsenkel und befestigen Sie an deren Enden die Vorder- und Hinterpfoten mit Klebeband. Fixieren Sie die Schnürsenkel auf der Rückseite des Körpers. Die Kinder kleben nun den Körper an den Kopf und befestigen an der Rückseite des Körpers etwas Watte als Schwanz.

Fertig ist das Kaninchen.

Der Hase hüpft heut froh umher

Melodie: traditionell „Dornröschen war ein schönes Kind“ **Text:** Eva Danner

(Bewegung zur 1. Strophe: Hüpfen.)

2.
Doch dann hört er den Fuchs im Gras, Fuchs im Gras, Fuchs im Gras.
Vorbei ist nun der ganze Spaß, ganze Spaß.
(Stehen bleiben und eine Hand hinter das Ohr halten.)

3.
Der Hase, der ist gar nicht dumm, gar nicht dumm, gar nicht dumm.
Schaut sich nach allen Seiten um, Seiten um.
(Mit der Hand die Augen beschatten und sich umsehen.)

4.
Im Boden ist ein Loch zu sehn, Loch zu sehn, Loch zu sehn.
Dort muss der Hase schnell hingehn, schnell hingehn.
(Mit den Armen einen Kreis formen.)

5.
Bevor der Fuchs ihn nun entdeckt, nun entdeckt, nun entdeckt,
hat sich der Hase schon versteckt, schon versteckt.
(Sich ducken und klein machen.)

6.
Der Fuchs bekommt 'nen Riesenschreck, Riesenschreck, Riesenschreck,
denn der Hase, der ist weg, der ist weg.
(Sich die Hand auf die Brust legen und erschrocken schauen.)

7.
Drum rennt er in den Wald zurück, Wald zurück, Wald zurück.
Der Hase, ja, der hatte Glück, hatte Glück.
(Mit den Händen auf die Oberschenkel patschen.)

8.
Er kommt schnell aus dem Loch heraus, Loch heraus, Loch heraus.
Und das Lied, das ist jetzt aus, ist jetzt aus.
(Aufstehen und hüpfen.)

Kaninchenturnen

Unter der Erde

Das brauchen Sie:

- 2 Langbänke
- eine Bodenmatte

So geht es:

- Stellen Sie die beiden Langbänke mit etwas Abstand parallel zueinander auf und legen Sie die Bodenmatte darüber.
- Die Kaninchenkinder können nun durch den Gang „unter der Erde" krabbeln und dabei vielleicht ihren Kaninchenfreunden begegnen.

Da ist ein Kaninchen im Gang unterwegs.

Futtersuche

Das brauchen Sie:

- einen hohen Kasten
- eine Leiter
- 2 Bodenmatten
- eine Weichbodenmatte
- 2 Kisten oder Kastenoberteile
- kleine Bälle

So geht es:

- Hängen Sie die Leiter an einer Seite des Kastens ein. Die Weichbodenmatte legen Sie hinter den Kasten. Positionieren Sie die beiden Bodenmatten als Absturzsicherung unter der Leiter. Stellen Sie die Kiste mit den Bällen an die Leiter und die andere Kiste neben den Kastenaufbau.
- Die Kaninchenkinder gehen nun auf „Futtersuche". Wer etwas gefunden hat, bringt die Leckerei über das Hindernis ins Versteck.

Fleißige Kaninchen bei der Futtersuche.

Wo ist mein Nest?

Das brauchen Sie:

- pro Kind einen Gymnastikreifen
- CD-Player
- CD mit Instrumentalmusik

So geht es:

- Verteilen Sie die Reifen auf dem Boden. Die Kinder laufen, hüpfen oder hoppeln zur Musik im Raum umher. Bei Musikstopp suchen sie sich ein „Nest" und legen sich hinein.

Die Kaninchenkinder sind müde.

Viele kleine Käferlein

Da sitzen ja zwei Maikäfer.

Käfer gehören zu den Insekten. Kennzeichnend für sie sind ihre drei Beinpaare und ihr Körper, der in drei Glieder unterteilt ist. Schon Krippenkinder interessieren sich meist sehr für diese Krabbeltiere. Im folgenden Kapitel beschäftigen wir uns mit zwei heimischen Käferarten, dem braunen Maikäfer und dem beliebten Marienkäfer.

Der Maikäfer gehört zur Familie der Blatthornkäfer und ist von Mai bis Juni zu sehen. Mit seinen fächerartigen Fühlern sieht er ziemlich lustig aus. Bevor der Maikäfer ein richtiger Käfer wird, verbringt er etwa vier Jahre lang als weiß gefärbte Larve in der Erde. Diese Larven werden auch Engerlinge genannt. Die adulten, flugfähigen Käfer leben nur ungefähr vier bis sieben Wochen.

Marienkäfer sind viel kleiner als Maikäfer. Sie haben einen runden Körper. Es gibt sie in den verschiedensten Farben von Gelb über Rot bis hin zu Braun und Schwarz. Manche haben viele, manche wenige und einige Arten auch gar keine Punkte. Am weitesten verbreitet ist bei uns der sogenannte Siebenpunktmarienkäfer, der gemäß seinem Namen sieben schwarze Punkte auf dem roten Körper hat. Auch Marienkäfer leben zunächst in einem Larvenstadium, in dem sie sich optisch vom erwachsenen Tier unterscheiden.

Käfer sind faszinierende Geschöpfe und es lohnt sich, diese mit Ihren Jüngsten einmal genauer unter die Lupe zu nehmen. Vielleicht entdecken Sie bei Ihrem nächsten Wiesenspaziergang ein Exemplar.

In einer einfühlsamen ***Geschichte*** lernen die Kinder den Käfer Manfred kennen, der mit seiner Farbe unzufrieden ist. Sie erfahren, wie es ihm gelingt, sich doch noch zu mögen, wie er ist.

Bei einem **lebenspraktischen Angebot** werden die Jüngsten zu kleinen Bäckern und helfen bei der Zubereitung leckerer Hefekäfer.

Bei einem **Kreativangebot** dürfen die Kinder einen Marienkäfer modellieren und verbessern dabei ihre Fingerfertigkeit.

Ein fröhliches **Lied** lädt zum Mitsingen ein und fördert die Sprachentwicklung der Kleinen.

Bei einer spannenden **Naturbegegnung** machen die Kleinen Bekanntschaft mit einem Engerling.

Wir wünschen Ihnen und Ihren Kindern viel Freude mit großen und kleinen Käferlein und spannenden Exkursionen in die Natur.

Manfred, der kleine Käfer

Mistkäfer Manfred ist traurig, weil er ganz schwarz ist. Niemand mag ihn. Da begegnet ihm ein kluger Maikäfer, der ihm beibringt, sich so zu mögen, wie er ist. Er verrät Manfred sogar ein Geheimnis. Nehmen Sie die Gegenstände aus der Materialliste und bringen Sie sie an passender Stelle in die Erzählung ein.

Das brauchen Sie zum Geschichtenspielen:

- Mistkäfer Manfred (Papier oder Figur)
- 2 Marienkäfer (Papier oder Figuren)
- 3 Kartoffelkäfer (Papier oder Figuren)
- ein Maikäfer (Papier oder Figur)
- Wald (grünes Tuch)
- Moos
- Pilz (Papier)
- Stein
- Himmel (blaues Tuch)
- Sonne (Papier)

*Manfred, **der Mistkäfer**, ist im **Wald** unterwegs. Er ist schwarz gefärbt vom Kopf bis zu den Füßen. Auf der Suche nach Futter spaziert er durch das **Moos** und entdeckt einen **Pilz**. Gerade als er daran knabbern möchte, hört er jemanden kichern: „Hi, hi!" Neugierig schaut Manfred sich um und entdeckt zwei **Marienkäfer**. Sie sind rot mit schwarzen Punkten. „Schau dir den mal an!", sagt einer. „Der ist ja ganz schwarz." „Ja", erwidert der andere, „der ist der hässlichste Käfer, den ich je gesehen habe." „Zum Glück haben wir schöne Punkte und sind nicht ganz schwarz. Komm, wir fliegen weiter!" Manfred schaut sich an. „Ich bin wirklich am ganzen Körper schwarz. Ich sehe furchtbar aus", stellt er traurig fest. Da sieht er drei **Kartoffelkäfer** auf einem **Stein** sitzen. Sie sind gelb-schwarz gestreift und schauen zu ihm hinüber. „Ach, du meine Güte, ist der Käfer hässlich. Seht ihn euch mal an!", ruft einer. „Das ist der langweiligste Käfer, den ich je gesehen habe!" Und schon sind sie verschwunden. „Ich werde mich irgendwo verstecken, wo mich niemand findet", beschließt Manfred. „Wer will schon einen so hässlichen Käfer wie mich sehen?" „Das wirst du schön bleiben lassen!", erklingt eine Stimme. „Das ist der größte Unsinn, den ich je gehört habe." Vor Manfred sitzt ein brauner Käfer. „Mein Name ist Kurt. Ich bin ein Maikäfer." „Ich heiße Manfred und bin ein Mistkäfer. Ein sehr hässlicher Mistkäfer, wie du siehst." „Jetzt hör mir mal zu!", sagt Kurt. „Du bist nicht hässlich. Und du musst dich nicht verstecken." „Aber die anderen sagen, ich sei der hässlichste Käfer im ganzen Wald, und damit haben sie recht. Kein Käfer ist so schwarz wie ich," schluchzt Manfred. „Es ist doch egal, welche Farbe jemand hat. Was nützt dir die schönste Färbung, wenn du gemein und unfreundlich bist? Viel wichtiger ist, dass du nett und freundlich bist. Und ich finde dich sehr nett." „Danke", lächelt Manfred. Kurt erklärt: „Ich mag dich, egal ob du schwarz bist oder nicht". „Stimmt! Die Farbe spielt überhaupt keine Rolle. Lieber bin ich von oben bis unten schwarz, als so gemein zu sein wie diese unhöflichen Käfer!" „Genau! Komm, ich verrate dir noch ein Geheimnis", sagt Kurt, „Dazu müssen wir auf den Pilz klettern." Die beiden krabbeln hinauf. „Und jetzt?", wundert sich Manfred. „Jetzt musst du kurz warten." Wenig später kommt die **Sonne** am **Himmel** zum Vorschein und scheint auf die beiden herunter. Als das Sonnenlicht auf Manfreds Rücken strahlt, beginnt dieser, zu glitzern und zu funkeln. „Was passiert mit mir?", ruft Manfred aufgeregt. „Ich leuchte in allen Farben wie durch Zauberei!" Manfred kann es kaum glauben. „Das ist keine Zauberei", erklärt Kurt, „Immer wenn die Sonne scheint, beginnt dein Panzer in allen Farben zu schimmern. So ist das bei euch Mistkäfern." „Aber dann bin ich gar nicht nur schwarz", lacht Manfred. „Nein, das bist du nicht. Wenn die Sonne leuchtet, dann bist du der schönste Käfer im ganzen Wald."*

Hefekäfer

Backe, backe Kuchen ... Schon die Allerkleinsten haben viel Freude daran, süße Leckereien zuzubereiten. Bei den Hefekäfern können die Kinder fleißig mithelfen. Egal ob beim Teigkneten und Formen, beim Einstreichen mit Eigelb oder Verzieren, hier dürfen die Kleinen ihr Können unter Beweis stellen.

So geht es:

- Kneten Sie im Vorfeld die Zutaten mit einem Handrührgerät und Knethaken zu einem glatten Teig. Stellen Sie diesen an einen warmen Platz und lassen sie ihn so lange ruhen, bis er etwa auf die doppelte Größe aufgegangen ist.

Der Teig ist ja gewachsen!

Aus jedem Teigstück wird ein Käfer.

- Vom fertigen Teig schneiden Sie für jedes Kind ein Stück ab, welches diese noch einmal kräftig durchkneten und zu einer Kugel formen.
- Mit Ihrer Unterstützung ritzen die Kinder mit dem Messer die Konturen des Käfers in den Teig.
- Die Kinder bestreichen die entstandenen Käfer mit Eigelb und drücken Rosinen als Augen und Punkte hinein.
- Legen Sie die Hefekäfer auf ein mit Backpapier ausgelegtes Backblech und backen Sie sie bei 180 °C für ca. 15 bis 20 Minuten. Die Backzeit variiert je nach Größe und Dicke der Hefekäfer.
- An einem schön gedeckten Tisch in gemütlicher Runde schmecken die fertigen Käfer allen Kindern besonders gut.

Zutaten:

- 500 g Mehl
- 100 g Zucker
- ein Ei
- ein Päckchen Trockenhefe
- ¼ l Milch
- etwas Öl oder Margarine
- ein Eigelb
- Rosinen

Utensilien:

- ein Handrührgerät mit Knethaken
- ein Backblech
- Backpapier
- 2 Schälchen
- Pinsel
- Messer

Sieht schon fast aus wie ein Käfer.

Marienkäfer

Fertig ist der Marienkäfer.

Das brauchen Sie für den Marienkäfer:

- lufthärtende Modelliermasse
- Nudelholz
- Trinkglas
- Backpapier
- Fingerfarbe (rot, schwarz)
- Pinsel
- schwarze Fasermaler
- Messer
- Klebstoff

Tipp:

Lassen Sie den Kindern zu Beginn des Angebotes ausreichend Zeit, um sich mit dem unbekannten Material vertraut zu machen. Dabei können die Kleinen die Modelliermasse einmal in die Hand nehmen oder mit den Fingern hineindrücken. Sprechen Sie mit den Kindern über das Material: Wie fühlt es sich an? Ist es hart oder weich? Wie sieht es aus? Zeigen Sie ihnen, was man damit machen kann und wie sich das Material verarbeiten lässt.

So gestalten die Kinder ihren Marienkäfer:

- Legen Sie die Modelliermasse auf das Backpapier und rollen Sie diese mit dem Nudelholz dünn aus. Dabei können Ihnen die Kinder helfen.
- Mit einem Trinkglas beliebiger Größe stechen die Kleinen zwei Kreise aus und legen sie auf ein weiteres Stück Backpapier.
- Schneiden Sie mit einem Messer einen der beiden Kreise mittig durch. Auch dabei können die Kinder mithelfen. Lassen Sie die ausgestochenen Teile entsprechend der Anleitung der gewählten Modelliermasse trocknen.
- Nachdem die Einzelteile des Marienkäfers ausgehärtet sind, bemalen die Kinder mit einem Pinsel und schwarzer Fingerfarbe zunächst den Bauch des Käfers. Die beiden Halbkreise bestreichen sie mit roter Fingerfarbe und lassen alle Einzelteile trocknen.
- Mit einem Fasermaler tupfen die Kleinen beliebig viele schwarze Punkte auf die Flügel. Mit Ihrer Hilfe befestigen sie dann die Flügel mit Klebstoff am Körper.

Man muss fest drücken, um die Kreise auszustechen.

Das wird der Bauch.

Jetzt sind die Flügel dran.

Viele kleine Käferlein

Melodie: traditionell „Alle meine Fingerlein“ **Text:** Beate Vogel

2.
Ob bunt, ob groß oder klein, keiner muss alleine sein.
Hüpfen, tanzen, lachen viel, jeder kennt ein andres Spiel.

3.
Krabbeln durch das grüne Gras, haben dabei sehr viel Spaß.
Wird es spät, gehn sie nach Haus, ruhen sich vom Spielen aus.

4.
Jeder schläft so, wie er mag. Morgen ist ein neuer Tag.
Wenn wir in den Garten gehn, können wir sie wiedersehn.

Tipp:

Wenn Sie möchten, können Sie nach der letzten Strophe das Lied in einer Art Endlosschleife wieder von vorn beginnen. Alternativ können die einzelnen Strophen auch als Vers gesprochen werden.

Engerling

Bei einem Spaziergang auf eine nahe gelegene Wiese haben wir in der Erde eine erstaunliche Entdeckung gemacht. Ein kleiner, weißer Engerling hatte sich dort versteckt und wir haben uns entschieden, ihn für eine intensive Betrachtung mit in die Einrichtung zu nehmen. Im Anschluss haben wir ihn zurück auf die Wiese gebracht, wo er wieder im Erdreich verschwinden konnte. Vielleicht finden auch Sie bei sich im Garten oder im Außengelände Ihrer Kita einen solchen Engerling, den Sie Ihren Jüngsten zeigen können.

Neugierig wird der Besucher betrachtet.

Informatives:

- Engerlinge sind Käferlarven. Unser Engerling ist die Larve eines Maikäfers. Die bis zu sieben Zentimeter langen Larven schlüpfen aus Eiern und leben dann für mehrere Jahre in der Erde, bevor sie sich verpuppen und zum adulten Käfer heranwachsen. Der Engerling hat einen weißen Körper und einen braunen Kopf. Er frisst Humus sowie verrottetes Holz und Pflanzenmaterial. Der Maikäferengerling hat zudem kräftige Beine sowie Beißwerkzeuge am Kopf.

Jetzt ganz vorsichtig beim Berühren!

Betrachtung des Engerlings:

- Viele Kinder haben sicher schon einmal einen braunen Maikäfer gesehen, der laut brummend durch die Luft fliegt. Einen Engerling hingegen haben bestimmt die wenigsten bislang zu Gesicht bekommen. Umso spannender ist es, ein lebendiges Exemplar einmal genauer beobachten zu können. Legen Sie das Tier zur besseren Betrachtung mit etwas Erde in eine flache Schale. Nun können die Kleinen den unbekannten Besucher ausgiebig betrachten. Sprechen Sie mit den Kindern über das fremde Tierchen. Wie sieht es aus? Welche Farbe hat es? Hat es Beine?
- Wer möchte, darf den Engerling vorsichtig berühren oder in die Hand nehmen. Weisen Sie die Kleinen auf einen artgerechten Umgang mit Lebewesen hin. Schon die Jüngsten können mit entsprechender Anleitung unter Aufsicht sorgsam mit Tieren umgehen.
- Die Kleinen zeigen meist keinerlei Scheu im Umgang mit unbekannten Tieren, sondern sind neugierig und interessiert. Erklären Sie ihnen, dass aus dem weißen Engerling einmal ein flugfähiger, brauner Käfer wird. Sie können den Kindern auch erzählen, was der Engerling gern frisst und wo er lebt. Sie werden staunen, wie interessiert bereits Krippenkinder an solchen Naturbegegnungen sind. Probieren Sie es aus!

Das wird also mal ein Käfer.

Süße, rote Früchte

Eine köstliche Marmelade entsteht.

Sommerzeit ist Beerenzeit! Gerade während der heißen Sommermonate kann man die köstlichsten Früchte genießen. So auch die saftigen, roten Erdbeeren, die im eigentlichen Sinne gar keine Beeren sind. Sie zählen zu den Sammelnussfrüchten, denn die eigentlichen Früchte der mehrjährigen Pflanzen sind nicht die saftigen, roten Anteile, sondern die kleinen, gelben Nüsse auf deren Oberfläche. Es gibt etwa 20 verschiedene Arten. Erdbeeren enthalten viel Vitamin C, Spurenelemente und Mineralstoffe, wie Kalzium und Magnesium. Da sie zu 90% aus Wasser bestehen, sind sie zudem kalorienarm und daher hervorragend als kleiner, gesunder Snack für zwischendurch geeignet. Man sollte jedoch darauf achten, immer nur reife Früchte zu ernten, da diese nach dem Pflücken nicht mehr nachreifen. Erdbeeren lassen sich vielseitig verwenden und schon kleine Kinder mögen die süßen, roten Früchte gern. Deshalb haben wir uns entschieden, diesem *„Sommerobst“*, das alle Sinne Ihrer Jüngsten anregen wird und bei deren Verarbeitung sie natürlich mithelfen können, ein Projekt zu widmen.

Eine einfühlsame **Geschichte** berichtet von einer Erdbeere, die niemals rot werden wollte. Die Kinder erfahren dabei etwas über das Wachsen und Reifen der Früchte.

Ein lustiger **Sprechvers** animiert die Kleinen zum genauen Hinhören und Mitsprechen.

In einem **Kreativangebot** gestalten die Kinder mit Papier und Farbe eine Erdbeere und schärfen ihren Blick für die äußere Erscheinungsform dieser Frucht.

Bei einem **lebenspraktischen Angebot** helfen die Kleinen bei der Zubereitung einer köstlichen Erdbeermarmelade und dürfen im Anschluss ein Glas davon mit nach Hause nehmen.

Bei einem weiteren **lebenspraktischen Angebot** bereiten die Kinder einen Erdbeerquark zu, den sich alle beim gemeinsamen Essen schmecken lassen.

Wir wünschen Ihnen vielfältige kulinarische Augenblicke mit diesem interessanten und köstlichen „Sommerobst“.

Die Erdbeere, die nie rot werden wollte

Auf einem großen Feld wachsen viele Erdbeeren. Alle haben den Wunsch, rot zu werden, nur eine nicht. Um nicht gepflückt und gegessen zu werden, beschließt sie, für immer grün zu bleiben. Mit den Utensilien aus der Liste können Sie die Erzählung bildhaft darstellen.

Das brauchen Sie zum Geschichtenspielen:

- Erdbeeren (Papier)
- Vogel (Papier oder Figur)
- Sonne (Papier)
- Frau (Papier oder Figur)
- Korb
- Mädchen (Papier oder Figur)
- Mama (Papier oder Figur)
- Junge (Papier oder Figur)

*Auf einem großen Feld wachsen viele **Erdbeeren**. Überall zwischen den Blättern hängen rote Früchte. Nur eine von ihnen ist noch grün. Eines Morgens fliegt ein **Vogel** herbei und pickt mit seinem Schnabel an den reifen Früchten herum. Dann bemerkt er die grüne Erdbeere. Sie ist klein und hart und noch nicht reif. Da fliegt er davon. Als die kleine Beere dies bemerkt, sagt sie: „Der Vogel pickt alle roten Erdbeeren auf. Ich aber möchte nicht gegessen werden." So beschließt sie, niemals rot zu werden. Sie versteckt sich unter den Blättern, damit die **Sonne** sie nicht sieht, denn Erdbeeren brauchen warmes Sonnenlicht, um rot und reif zu werden. Am nächsten Tag kommt eine **Frau** aufs Feld. In ihren **Korb** pflückt sie viele reife Früchte. Als sie die grüne Erdbeere sieht, sagt sie: „Die ist ja noch ganz grün!", und geht weiter.*

„Puh! Glück gehabt!", schnauft die Erdbeere erleichtert.

Nach und nach gibt es immer weniger Beeren auf dem Feld. Die Tiere lassen sich die süßen Früchte schmecken oder die Menschen pflücken sie. Irgendwann hängen nur noch wenige Früchte an ihren Stielen. Eine davon ruft der Grünen zu: „Was ist mit dir? Du bist ja immer noch ganz grün. So wird keiner kommen, um dich zu essen!"

„Ich will auch gar nicht gegessen werden!", antwortet sie.

„Aber sieh dich doch um! Bald bist du ganz allein."

„Na und", erwidert die grüne Erdbeere. „Ich werde niemals rot werden. Niemand soll mich essen!"

„Dann eben nicht!", ruft die rote Beere ihr zu. „Dabei kann man Köstliches aus uns zubereiten: Marmelade, Erdbeerquark, Mus."

*„Mir egal. Ich möchte weder Marmelade noch Mus sein!" Doch die rote Beere hört sie schon nicht mehr, denn ein kleines **Mädchen** hat sie gepflückt. Nach einigen Tagen sind alle Erdbeeren verschwunden. Nur eine nicht. Zuerst freut sie sich, weil sie es als einzige geschafft hat, nicht gepflückt zu werden, aber schnell wird ihr langweilig. Keiner ist mehr da und niemand kommt mehr aufs Feld, denn alle reifen Erdbeeren sind weg. „Sie hatten recht!", jammert die grüne Erdbeere. „Alle hatten recht. Jetzt bin ich ganz allein!" Da fängt sie an, zu weinen. Die Sonne hat inzwischen alle Blätter vertrocknet, sodass die grüne Erdbeere sich nicht mehr darunter verstecken kann. Doch sie ist so traurig, dass sie dies gar nicht bemerkt, und auch nicht, dass sie inzwischen rot geworden ist vom warmen Sonnenlicht. Plötzlich hört sie eine Stimme: „Schau, **Mama**, da vorn wächst noch eine einzige Erdbeere!" Ein kleiner **Junge** bückt sich ganz nah an die Beere heran und pflückt sie vom Stiel. Die Erdbeere kann es kaum glauben. Es ist doch jemand gekommen, um sie zu pflücken. Sie muss nicht einsam und allein auf dem Feld zurückbleiben. Wie sie sich freut, als der Junge sie sich in den Mund steckt. „Das ist die süßeste Erdbeere, die ich je gegessen habe!", schmatzt er fröhlich seiner Mama zu.*

Erdbeer-Rap

Verse sprechen …

Himbeer'n, Brombeer'n, Stachelbeeren schmecken wirklich fein.

Doch viel lieber als all diese, kauf ich Erdbeer'n ein.

Kleine, reife rote Früchte, süß und kugelrund,

schmecken saftig, schmecken gut und sind auch noch gesund.

Ob Erdbeereis, ob Erdbeermus oder auch im Quark,

auf all das hab ich immer Lust, Erdbeer'n schmecken stark.

Gespannt lauschen alle dem Erdbeer-Rap. Beim nächsten Mal spricht vielleicht schon jemand mit.

Gut zu wissen:

Der Erdbeer-Rap ist ein rhythmischer Sprechvers, der auch als solcher gesprochen wird. Indem Sie Tempo oder Lautstärke variieren, können Sie dem Rap unterschiedliche Stimmungen verleihen. Probieren Sie es aus! Sprechen Sie den Vers mal laut, mal leise, mal schnell, mal langsam oder auch mit hoher oder tiefer Stimme und schauen Sie, wie die Kinder darauf reagieren.

Erdbeere

Das brauchen Sie für die Erdbeere:

- Tonpapier (rot, grün)
- Fingerfarbe (gelb)
- Schere
- Klebstoff
- flaches Gefäß (z. B. Plastikteller)

Die Blätter kann ich schon prima alleine schneiden.

Meine Erdbeere hat schon viele gelbe Punkte.

So gestalten die Kinder ihre Erdbeere:

➢ **Für die Frucht:**
Bereiten Sie für jedes Kind ein 25 x 30 cm großes Rechteck aus rotem Tonpapier vor. Die Kinder schneiden alle vier Ecken davon großzügig ab.

Das wird aber eine große Erdbeere.

Für Stiel und Blätter:

➢ Bereiten Sie einen 2 x 40 cm langen Streifen aus grünem Tonpapier vor. Den Streifen zerschneiden die Kleinen in sechs Stücke. Davon verwenden sie fünf als Blätter und ein Stück als Stiel. Die fünf Blätter schneiden die Kinder auf allen Seiten spitz zu und kleben sie auf der Vorderseite an. Den Stiel befestigen sie von hinten an der Erdbeere.

Das erste Blatt klebt schon.

Für die Punkte:

➤ Füllen Sie gelbe Fingerfarbe in ein flaches Gefäß. Die Kinder tauchen einen Finger in die Farbe und drucken damit Punkte auf ihre Erdbeere. Dabei entscheidet jeder selbst, wie viele Punkte er drucken möchte. Das macht schon den Allerkleinsten viel Spaß.

Ich kann auch schon Punkte drucken.

So sehen die fertigen Erdbeeren aus.

Erdbeermarmelade

So sieht das fertige Marmeladenglas aus.

So geht es:

- Waschen Sie gemeinsam mit den Kindern die Früchte in einem Sieb und entfernen Sie die Stiele.
- Nun können die Kinder die Erdbeeren auf einem Schneidebrett zerkleinern. Geben Sie bei Bedarf Hilfestellung im Umgang mit dem Messer.
- Anschließend zerdrücken die Kinder die Erdbeeren mit einer Gabel.
- Wiegen Sie die zerkleinerten Früchte ab, geben Sie sie zusammen mit dem Gelierzucker in den Kochtopf und vermischen Sie beides gut miteinander. Auch dabei können die Kinder schon tatkräftig mithelfen.
- Lassen Sie die Marmelade unter ständigem Rühren aufkochen und dann weitere vier Minuten sprudelnd kochen.
- Füllen Sie dann die noch heiße Marmelade zum Abkühlen in die Gläser. Verschließen Sie diese fest und stellen Sie sie etwa zehn Minuten auf den Deckel. Fertig ist die leckere Erdbeermarmelade!
- Mit einem Etikett und einem Stück Stoff versehen, eignet sich die selbst gemachte Marmelade als nettes Geschenk, das der ganzen Familie bestimmt sehr gut schmeckt.

Zutaten:

- 1 kg Erdbeeren
- 500 g Gelierzucker
- 1 Zitrone

Utensilien:

- Sieb
- kleine Gläschen mit Deckel
- großer Kochtopf
- Küchenwaage
- Kochlöffel
- Schneidebretter
- Messer
- Gabeln
- Zitronenpresse

Tipps:

Verwenden Sie nur einwandfreie Früchte für die Marmelade.
Um Schimmelbildung zu vermeiden, kochen Sie die Gläser und Deckel im Vorfeld am besten einige Minuten in einem Kochtopf aus und stellen sie dann zum Trocknen mit der Öffnung nach unten auf ein sauberes Geschirrtuch.
Achten Sie für das richtige Mischverhältnis zwischen Früchten und Zucker auf die Angaben auf der Gelierzuckerpackung, damit die Marmelade richtig geliert.
Die Zugabe von etwas Zitronensaft unterstützt das Gelieren.
Benutzen Sie fürs Einkochen einen ausreichend großen Topf und füllen Sie ihn maximal bis zur Hälfte, denn die kochende Obstmasse schäumt und kocht schnell über.

Vorsicht, heiß!

Erst müssen die Erdbeeren gewaschen werden.

Beim Kleinschneiden muss man sich ganz schön konzentrieren.

Gleich gibt es Erdbeermatsch!

Alles gut verrühren!

Erdbeerquark

Gemeinsam schmeckt der selbst gemachte Quark am allerbesten.

Zutaten:

- 500 g Quark
- 500 g Joghurt
- 500 g Erdbeeren
- evtl. etwas Zucker

Utensilien:

- große Schüssel
- Löffel
- Schneebesen
- Schneidebretter
- Messer
- Teller
- Glasschälchen
- kleine Löffel

Beim Schneiden ist etwas Hilfe wichtig.

So geht es:

- Geben Sie gemeinsam mit den Kindern den Quark und den Joghurt in die große Schüssel.
- Geben Sie bei Bedarf etwas Zucker dazu und verrühren Sie alles gut mit dem Schneebesen.
- Nun schneiden die Kinder die Erdbeeren klein und fügen sie dem Quark hinzu. Geben Sie immer Hilfestellung im Umgang mit dem Messer!
- In gemeinsamer Runde an einem schön gedeckten Tisch schmeckt den Kleinen der Erdbeerquark besonders gut.

Tipp:

Werden die Zutaten für den Quark selbst besorgt, schmeckt er umso besser. Wenn es möglich ist, pflücken Sie deshalb gemeinsam mit den Kindern die Erdbeeren im Kita-Garten oder besorgen Sie die Zutaten auf einem nahe gelegenen Wochenmarkt.

Erst mal alles in die große Schüssel.

Der Joghurt kommt auch dazu.

Rühren kann ich schon richtig gut.

Sommer, Sonne, Wasserspaß!

Am Wasser spielen macht Spaß!

Der Sommer ist die wärmste der vier Jahreszeiten, in der man sich gern im Freien aufhält. Es ist länger hell, die Sonne kitzelt die Nasenspitze und lädt zum Spielen draußen in der Natur ein. Im Sommer kann man viele tolle Dinge machen: Eis essen, im Sandkasten spielen, Dreirad fahren, ins Schwimmbad gehen und vieles mehr. Auch das lange An- und Ausziehen mit Mütze, Stiefeln und anderen warmen Kleidungsstücken entfällt. Die luftige Sommerkleidung ist um einiges unkomplizierter. Dennoch sollten die Kinder immer eine Kopfbedeckung tragen und ausreichend mit Sonnenschutzmittel eingecremt sein. Auch ausreichendes Trinken darf nicht vernachlässigt werden, da der Körper bei höheren Temperaturen mehr Flüssigkeit benötigt. Achten Sie außerdem darauf, die Kleinen nicht direkter Sonneneinstrahlung auszusetzen, und meiden Sie die Mittagshitze. Im Schatten jedoch steht dem ungetrübten Sommerspaß nichts im Wege. Speziell an heißen Tagen bietet es sich an, das Element Wasser in all seinen Facetten unter Aufsicht für die Jüngsten erleb- und erfahrbar zu machen. Wasser ist Abkühlung und Erfrischung zugleich. Außerdem bereitet es den Kindern viel Spaß, damit zu planschen und zu spielen. Wasser ist vielseitig und man kann damit die tollsten Dinge machen.
Aus diesem Grund haben wir uns für das nun folgende Projekt entschieden, bei dem Sie die Kinder mit vielfältigen Angeboten von diesem Element begeistern können.

Bei einer lustigen **Geschichte** können die Kinder die kleine Lea bei ihren fröhlichen Wasserspielen begleiten.

Ein lustiger **Sommer-Rap** fördert die Sprachrhythmik sowie die Begriffsbildung der Kleinen und erweitert so ihren Wortschatz.

In einem **Kreativangebot** stellen die Kinder ein tolles Wasserbild her, das ausschließlich mit Wasserfarben gestaltet wird.

Spiele mit Wasser machen den Kleinen viel Freude, dienen der Abkühlung und fördern ganz nebenbei die Koordination und Motorik.

Bei einem **lebenspraktischen Angebot** helfen die Kinder mit, leckere Sommererfrischungen zuzubereiten, und erleben Wasser in einem anderen Aggregatzustand.

Wir wünschen Ihnen viel Vergnügen bei wunderbaren Wassererlebnissen in der heißen Jahreszeit.

Sommer, Sonne, Badespaß

Es ist Sommer und ziemlich heiß. Was man bei solchen Temperaturen so alles anstellen kann, zeigt die kleine Lea, denn in der Kita ist heute Badetag. Mit den Utensilien aus der Liste können Sie die Geschichte lebendig werden lassen.

Das brauchen Sie zum Geschichtenspielen:

- Sonne (Papier)
- Himmel (blaues Tuch)
- Lea (Papier oder Figur)
- Baum (Papier)
- Wanne (kleine Babywanne)
- Gras (grünes Tuch)
- Decke (kleine Decke oder Tuch)
- Handtücher
- Förmchen (Sandkastenförmchen)
- Muscheln
- Wassertropfen (blaue Locherpunkte)
- Glaskrug
- Glas

Gut zu wissen:

Möchten Sie mit Ihren Jüngsten auch eine leckere Sommererfrischung zubereiten? Wie es geht, erfahren Sie auf Seite 90.

*Heute ist ein toller Tag. Die **Sonne** scheint heiß vom **Himmel** und in der Kita ist richtig viel los. **Lea** ist mächtig aufgeregt. Ihre Erzieherin, Frau Müller, hat den Kindern nämlich versprochen, dass sie heute am Wasser spielen dürfen. Lea liebt es, im Wasser zu planschen. Sie ist zwei Jahre alt und besucht die Mäusegruppe. Endlich ist es so weit. Frau Müller ruft die Kinder zusammen und alle gehen hinaus in den Garten. Unter einen großen **Baum** hat sie eine **Wanne** ins **Gras** gestellt. Die Blätter des Baumes spenden Schatten und auf einer **Decke** liegen **Handtücher** bereit, mit denen die Kleinen sich nach dem Badespaß abtrocknen können. Dann geht es los: Lea flitzt zu der mit Wasser gefüllten Wanne und streckt die Hand hinein. „Kalt!", lacht sie. Im Gras liegen viele **Förmchen**, kleine Eimer und andere Behälter bereit, mit denen die Kinder spielen können. Lea und ihre Freunde schütten Wasser von einem Behälter in den nächsten, patschen mit den Händen hinein oder suchen mit den Fingern nach **Muscheln**, die Frau Müller in der Wanne versteckt hat. Alle haben viel Spaß. Das Wasser spritzt zu allen Seiten, aber das ist nicht schlimm, denn es ist heiß und die kühlen **Wassertropfen** sind angenehm auf der Haut.*

Nach einer Weile ruft die Erzieherin alle zusammen. Die Kinder trocknen sich ab. Frau Müller hilft ihnen dabei. Dann setzen sie sich auf die Decke und ruhen sich aus. Aber was ist das? Frau Müller hat eine Überraschung dabei. Sie trägt einen großen ***Glaskrug***, der bis zum Rand mit Wasser gefüllt ist. Im Wasser schwimmen bunte Eiswürfel: rote, gelbe und orangefarbene. Langsam schmelzen sie und das Wasser färbt sich rötlich. *„Wer hat Durst?"*, will sie wissen. *„Ich!"*, rufen die Kleinen aufgeregt. Jeder möchte von dem bunten Wasser probieren. Frau Müller verteilt ***Gläser*** und gießt ein. *„Lasst euch die Sommererfrischung gut schmecken!"*, lächelt sie und trinkt ebenfalls einen großen Schluck aus ihrem ***Glas***. *„Hmm!"*, loben die Kinder das leckere Getränk. Nachdem der Durst gelöscht ist, ziehen sie sich an, denn die Kita ist für heute aus. Aber wer weiß … Wenn es am nächsten Tag wieder so heiß wird, dann heißt es vielleicht erneut: Sommer, Sonne, Badespaß!

Sommer-Rap

Verse sprechen …

Sommer, Sonne, Sonnenschein,
das mag ein jedermann,

weil man ja zur Sommerzeit
so vieles machen kann.

Ich springe in das Wasser rein,
spritze alles nass.

Spielen, Planschen, Schwimmengehen
macht mir großen Spaß.

Scheint die Sonne richtig heiß,
mag ich gerne Wassereis.

Mag auch gerne Limonade,
wenn sie kühl ist und nicht fade.

Doch am schönsten, wisst ihr was,
ist Sommer, Sonne, Badespaß.

Gut zu wissen:

Der Sommer-Rap ist ein rhythmischer Vers, der auch als solcher gesprochen wird. Man kann ihn in unterschiedlichen Variationen sprechen: laut oder leise, langsam oder schnell. Außerdem können die Kinder ihn mit Bewegungen begleiten. Sie können z. B. rhythmisch mit den Händen auf die Oberschenkel patschen, klatschen oder stampfen.

Wasserbild

So sieht das fertige Wasserbild aus.

Das brauchen Sie für das Wasserbild:

- Fotokarton (weiß)
- Wasserfarben
- 2 Schwämme
- flaches Gefäß
- Pinsel
- Schere

Ich kann schon das Meer malen.

Mit etwas Konzentration lassen sich tolle Fische drucken.

Jeder Fisch bekommt ein Auge.

So gestalten die Kinder ihr Wasserbild:

Vorbereitung:

- Schneiden Sie aus dem weißen Fotokarton für jedes Kind einen beliebig großen Papierbogen zu. Je größer das Papier ist, umso großflächiger können die Kleinen malen und drucken.

Für das Meer:

- Rühren Sie mit dem Pinsel blaue Wasserfarbe mit viel Wasser an. Dazu eignet sich ein flaches Plastikgefäß sehr gut. Die Kinder nehmen einen handelsüblichen Haushaltsschwamm zur Hand und tauchen ihn in das blaue Wasser ein. Dann streichen Sie damit über ihren Papierbogen und lassen ihn anschließend trocknen. Auf diese Weise entsteht das Meer, in dem später viele Fische schwimmen können.

Für die Fische:

- Schneiden Sie einen anderen Schwamm so zu, dass eine ovale Form entsteht. Mit ihm können die Kleinen ihre Fische drucken. Rühren Sie nun direkt im Wasserfarbenbehälter mithilfe des Pinsels und etwas Wasser verschiedene Wasserfarben an. Lassen Sie die Kinder ihren Schwamm zuerst direkt in die Farbe drücken, dann auf ihren Papierbogen. So drucken sie die Fische. Die Kleinen können mehrere Farben für ihre Fische wählen und entscheiden selbst, wie viele dieser Meeresbewohner sie drucken möchten. Wenn Sie eine neue Farbe verwenden, sollten Sie den Schwamm vorher gründlich auswaschen. Bevor er in die Farbe getaucht wird, sollte er jedoch nur noch feucht sein. Anschließend lassen Sie die Fische trocknen.

Für die Augen:

- Rühren Sie schwarze Wasserfarbe in ihrem Behälter an. Die Kinder tauchen ihren Finger hinein und drucken damit für jeden Fisch ein Auge.

Gut zu wissen:

Aufgrund der Trocknungszeiten bietet es sich an, für dieses Kreativangebot drei bis fünf Tage einzuplanen.

Wasserspielspaß

Wenn es im Sommer heiß ist, dann kühlen sich schon die Kleinsten gern am Wasser ab. Besonders viel Freude haben die Kinder bei lustigen Wasserspielen. Suchen Sie in Ihrem Garten oder Außengelände ein schattiges Plätzchen aus und bauen Sie dort ein Wasserspielbecken auf.

Das brauchen Sie für das Wasserspielbecken:

- eine kleine Wanne mit nicht allzu hohem Rand
- kleine Eimer und andere Behälter
- Sandspielförmchen, schwimmende Plastikspielsachen usw.
- Löffel, Trichter und andere Gegenstände
- Muscheln, Steine usw.

Gut zu wissen:

Am einfachsten ist es, die Kinder im Body oder mit einer Windel am Wasser spielen zu lassen. Legen Sie Handtücher zum Abtrocknen bereit und achten Sie immer auf ausreichend Sonnenschutz. Meiden Sie grundsätzlich die Mittagshitze und haben Sie immer ein Auge auf die Kinder, damit diese sicher und unbeschwert spielen können.

So geht es:

- Stellen Sie die Wanne auf den Boden und füllen Sie diese mit Wasser. Legen Sie Muscheln, Steine oder andere Gegenstände hinein und stellen Sie den Kindern Eimer, Förmchen u. Ä. zur Verfügung. Schon kann es losgehen!

Der Wasserspaß kann beginnen.

- Lassen Sie die Kleinen mit dem Wasser experimentieren. Geben Sie ihnen ausreichend Zeit zum Spielen und Ausprobieren. Sie werden staunen, wie kreativ bereits die Allerkleinsten sind. Mit Freude lassen sie das Wasser aus dem Trichter laufen oder versuchen, es mit anderen Gefäßen wieder aufzufangen.

Toll, was man mit dem Trichter alles anstellen kann!

- Die Kinder schöpfen, spritzen, schütten, gießen oder patschen einfach in das Wasser hinein. Sie fischen die Muscheln aus dem Wasser, füllen sie mit Wasser und tauchen sie wieder unter. Sie experimentieren und probieren aus, was sich mit den unterschiedlichen Gegenständen so alles anstellen lässt. Auf diese Weise sammeln die Kleinen vielfältige Erfahrungen. Außerdem kühlt dieses Spiel bei hohen Temperaturen angenehm die Haut. Ein toller Spielspaß für heiße Tage …

Wo sind denn die Muscheln?

Sommererfrischung

Sommer, Sonne, Wasserspaß! Endlich ist es wieder so weit! Der Sommer ist da, die Sonne scheint und Groß und Klein lieben es, sich vermehrt im Freien aufzuhalten. An sehr heißen Tagen ist es jedoch unerlässlich, für genügend Abkühlung und Erfrischung zu sorgen. Bereiten Sie doch gemeinsam mit den Kindern selbst gemachte Sommererfrischungen zu. Ob eisgekühlt oder frischgepresst, beide Varianten schmecken lecker und ganz nebenbei erfahren die Kinder, wie verschiedene Fruchtsäfte den Geschmack von Wasser verändern.

Das brauchen Sie für die Sommererfrischungen:

- Fruchtsaft
- Eiswürfelbehälter
- Krug
- Wasser
- Gefrierfach
- Zitrone
- Messer
- Zitronenpresse

Das Auspressen braucht schon ein bisschen Kraft.

Eisgekühlt und fruchtig süß!

So geht es:

- Füllen Sie mit den Kindern etwas Fruchtsaft in Eiswürfelbehälter und geben Sie diese für einige Stunden, am besten über Nacht, in den Gefrierschrank.
- Tags darauf können die Kinder nun beobachten, wie sich der Fruchtsaft verändert hat. Anfangs war er noch flüssig, nun hat er eine feste Form angenommen.
- Geben Sie die fruchtigen Eiswürfel in einen Krug mit kaltem Wasser. Nachdem sie etwas geschmolzen sind, können die Kinder die eisgekühlte Sommererfrischung genießen.

Konzentriert wird der Saft eingefüllt.

Wie die Erfrischung wohl schmecken wird?

Sauer macht lustig!

So geht es:

- Für diese Sommererfrischung halbieren Sie eine Zitrone und pressen sie zusammen mit den Kindern aus.
- Geben Sie den Zitronensaft in einen Krug mit Wasser und der fruchtig-lustige Erfrischungsspaß kann beginnen.

Ein toller Sommertag in der Kita!

Sonne, Mond und Sterne

Gleich bin ich eingeschlafen.

Krippenkinder sind aktiv und immer in Bewegung. Krabbelnd, robbend oder laufend erkunden sie ihre Umwelt und setzen sich damit auseinander. Das ist anstrengend und kräftezehrend. Da bietet sich eine Ruhepause zwischendurch an. Oftmals wollen die Kleinen jedoch überhaupt nicht schlafen, selbst wenn sie müde und erschöpft sind. Um den Kindern die Schlafsituation so angenehm wie möglich zu gestalten, haben wir im folgenden Kapitel viele Ideen für Sie zusammengestellt, die den Jüngsten dabei helfen können, zur Ruhe zu kommen. Gestalten Sie Ihren Schlaf- oder Ruheraum ansprechend, vielleicht mit einem Schlummerlicht oder einem Mobile. Strahlen Sie immer viel Ruhe aus, da sich diese auf die Kinder überträgt und ihnen so hilft, in den Schlaf zu finden. Wir haben das Projekt „Sonne, Mond und Sterne" gewählt, da für die Kleinen die Sonne mit ihrem warmen Licht mit dem Tag, mit Bewegung und Aktion in Verbindung steht. Den Mond und die Sterne verbinden schon die Kleinsten mit der Dunkelheit und dem Schlafengehen. Wenn Sie Ihren Schlafraum abdunkeln und einige Leuchtsterne von der Decke strahlen lassen, wissen schon die Jüngsten, dass nun Schlafenszeit ist. Im gemütlichen Bettchen liegend, helfen ihnen Schlaflieder oder kleine Rituale dabei, vom hektischen Alltag Abstand zu nehmen und einzuschlafen.

In einer einfühlsamen **Geschichte** lernen die Kinder den kleinen Paul kennen, der nicht einschlafen möchte, und erfahren, wie es seiner Mama gelingt, dass auch er endlich zur Ruhe kommt.

Als Ritual bietet sich ein kurzer **Sprechvers** an, den Sie gemeinsam mit den Kleinen vor dem Einschlafen sprechen können.

In einem **Kreativangebot** stellen die Kinder ein schönes Mobile her, das über ihrem Bettchen hängen kann.

Ein **Lied** hilft den Kleinen dabei, zur Ruhe zu kommen und sich zu entspannen.

Bei einem **Gestaltungsangebot** können Sie mit einfachen Mitteln ein Schlafkissen für die Kinder nähen, das ihnen beim Einschlafen helfen kann und mit dem es sich wunderbar kuscheln lässt.

Wir wünschen Ihnen und Ihren Kindern erholsame und entspannende Augenblicke mit wunderschönen Träumen.

Paulchen will nicht schlafen

Der kleine Paul mag es überhaupt nicht, schlafen zu gehen. Es gibt nämlich so vieles, das interessanter ist, als im Bett zu liegen und zu träumen. Aber seine Mama kennt ein Geheimnis, das ihm beim Einschlafen hilft. Nehmen Sie die Gegenstände aus der Materialliste und bringen Sie sie an passender Stelle in die Erzählung ein.

Das brauchen Sie zum Geschichtenspielen:

- Paulchen und Mama (Papier oder Figuren)
- Mond und Sterne (Papier)
- Himmel (blaues Tuch)
- Bett (Puppenbett oder Karton)
- Decke und Kissen (Puppenzubehör)
- Buch
- Kuschelhase (oder anderes Kuscheltier)

*Ich bin **Paulchen**. Eigentlich heiße ich Paul, aber meine Mama nennt mich gern Paulchen. Vor allem, wenn sie mich zum Schlafengehen ruft. Mama denkt wohl, dass ich dann lieber ins Bett gehe, als wenn sie mich mit meinem richtigen Namen ruft. Als ob das etwas ändern würde! Ich bin zwei Jahre alt und wenn ich etwas überhaupt nicht leiden kann, dann ist es Schlafen. Nachts ist es dunkel und es gibt viele andere Dinge, die ich schöner finde als schlafen: spielen, singen, lachen, turnen … Draußen steht schon der **Mond** am **Himmel** und viele **Sterne** leuchten. „Paulchen!“, höre ich Mama rufen. „Es ist Schlafenszeit!“ „Ich will aber nicht schlafen!“, antworte ich. „Aber es ist schon spät“, sagt **Mama.** Sie ist zu mir ins Zimmer gekommen und lächelt mich an. **„Komm, wir ziehen deinen Lieblingsschlafanzug an.“** Widerwillig ziehe ich den Schlafanzug an. Mama hilft mir dabei. „So, jetzt kannst du dich in dein gemütliches Bett kuscheln.“ „Es ist nicht gemütlich“, widerspreche ich. „Natürlich ist es das. Sieh her, dein kuscheliges Kissen liegt schon bereit. Darin kannst du wunderbar träumen.“ „Ich will aber nicht träumen“, antworte ich. Mama deckt mich zu und streicht mir über die Haare. Ich will aber nicht zugedeckt werden und ziehe die **Decke** wieder weg. „Schlafen ist langweilig. Ich möchte viel lieber spielen.“ „Morgen darfst du wieder spielen. Versprochen. Aber jetzt ist es wirklich schon spät. Wenn du möchtest, lese ich dir noch eine Geschichte vor. Willst du das?“, fragt Mama. Natürlich will ich. Mami holt mein Lieblingsbuch und gemeinsam betrachten wir die Bilder. Als wir die letzte Seite angeschaut haben, legt Mama das **Buch** zur Seite und zieht mir die Decke wieder bis zur Nasenspitze hoch. „Jetzt wird geschlafen.“ „Nein!“, brülle ich. „Möchtest du, dass ich dir ein Schlaflied singe?“ „Nein!“ „Sollen wir deine Spieluhr einschalten?“ „Nein!“ „Paulchen, jetzt komm mal her!“ Mama nimmt mich auf den Arm. „Alle Kinder schlafen nachts und alle Mamas und Papas auch“, erklärt sie. „Aber ich will nicht“, protestiere ich. „Ich verrate dir jetzt ein Geheimnis“, sagt Mama. Da bin ich neugierig. „Du musst dich aber erst hinlegen.“ Widerwillig lege ich mich zurück ins Bett und Mama deckt mich wieder zu. Sie legt mir meinen **Kuschelhasen** in den Arm und flüstert: „Als ich noch ein Kind war, da wollte ich auch nicht schlafen, aber meine Mama hatte eine tolle Idee, die mir beim Einschlafen geholfen hat. Es geht so …“ Zuerst streicht Mama mir über den Kopf. Dann spricht sie: "Wenn der Mond am Himmel steht, die Sonne draußen untergeht, wenn bei Nacht und auch im Dunkeln tausend helle Sterne funkeln, wenn die Vögel schlafen gehn, sich im warmen Nest umdrehn, wenn die Häschen und die Mäuschen träumen sanft in ihren Häuschen, ja, dann schlaf auch du, mein Kind, in deinem Bettchen ganz geschwind. Träum vom warmen Sonnenschein und schlaf jetzt froh und glücklich ein!“ Zufrieden betrachtet Mama ihr Werk. Ich bin eingeschlafen. „Gute Nacht, mein Engel“, sagt sie und küsst mich sanft auf die Stirn. „Und träum was Schönes!“*

Wenn der Mond am Himmel steht

Verse sprechen …

Wenn der Mond am Himmel steht,
die Sonne draußen untergeht,

wenn bei Nacht und auch im Dunkeln
tausend helle Sterne funkeln,

wenn die Vögel schlafen gehn,
sich im warmen Nest umdrehn,

wenn die Häschen und die Mäuschen
träumen sanft in ihren Häuschen,

ja, dann schlaf auch du, mein Kind,
in deinem Bettchen ganz geschwind.

Träum vom warmen Sonnenschein
und schlaf jetzt froh und glücklich ein.

Gut zu wissen:

Rhythmische Sprechverse eignen sich besonders gut, um die Kinder auf das Schlafen vorzubereiten. Durch ruhiges und langsames Sprechen entsteht eine entspannte Atmosphäre, bei der die Kleinen zur Ruhe kommen.
Zudem geben gleich bleibende Rituale den Kindern Sicherheit und erleichtern ihnen das Einschlafen.

Mobile

Das brauchen Sie für das Mobile:

- Tonkarton (gelb)
- Schere
- Klebstoff
- Nylonfaden oder gelbe Wolle
- Lochzange oder Locher

Meinen Mond schneide ich schon ganz alleine zurecht.

Die Strahlen für meinen Stern sind gleich fertig.

So gestalten die Kinder ihr Mobile:

Für die Sonne:

- Schneiden Sie ein gelbes Quadrat (10 x 10 cm) sowie einen gelben Streifen (1 cm breit) für die Sonnenstrahlen zu.

- Die Kleinen schneiden am Quadrat alle vier Ecken ab. Von dem gelben Streifen schneiden die Kinder so viele Stücke ab, wie sie möchten, und befestigen diese als Strahlen auf der Sonne.

Das wird eine tolle Sonne.

Zwei Strahlen kleben schon.

Für den Mond:

- Bereiten Sie einen gelben Kreis (14 cm Durchmesser) vor. Die Kinder schneiden diesen mittig durch und verwenden eine Hälfte für ihren Halbmond.

Für den Stern:

- Schneiden Sie zwei gelbe Quadrate (4 x 4 cm) sowie vier Rechtecke (3 x 6 cm) für die Strahlen zu.

- Die Kleinen schneiden an beiden Quadraten alle Ecken ab. Die Rechtecke schneiden sie diagonal durch und verwenden die entstandenen Dreiecke als Strahlen. Diese kleben die Kinder auf eines der beiden Quadrate und befestigen das zweite Quadrat mittig auf den Strahlen.

So sieht ein fertiges Mobile aus.

So wird das Mobile zusammengesetzt:

- Das Zusammensetzen des Mobiles übernehmen Sie, da dies für die Kinder noch zu schwierig ist. Stanzen Sie mit der Lochzange in den Stern ein Loch, in Sonne und Mond jeweils zwei Löcher, unten und oben. Verbinden Sie die einzelnen Elemente mit dem Nylonfaden und befestigen Sie oben an der Sonne einen Faden zum Aufhängen.

Im Land der Träume

Melodie: traditionell „Hänsel und Gretel" **Text:** Eva Danner

2.

Im Land der Träume, da ist es wunderschön.
Willst du es sehen, dann musst du mit mir gehn.
Am Himmel strahlt der Mond hell und auch so mancher Stern.
Leuchten für dich, denn ich weiß, du magst sie gern.

3.

Im Land der Träume, da ist es wunderschön.
Willst du es sehen, dann musst du mit mir gehn.
Nun schlafe bis zum Morgen, bis dass die Sonne lacht.
Schließ deine Augen! Ich wünsch dir „Gute Nacht".

Schlafkissen

Das brauchen Sie für das Kissen:

- kuscheligen, gelben Stoff (z. B. Nickistoff)
- gelbes Nähgarn
- rotes und schwarzes Stickgarn
- Stecknadeln und eine Näh-/Sticknadel
- Schere
- Nähmaschine
- Füllwatte
- eine Kreisschablone oder einen Teller
- Stift

Mit meinem Kuschelkissen kann ich prima einschlafen.

So geht es:

- Legen Sie den Stoff linksherum übereinander und heften Sie ihn mit Stecknadeln zusammen.
- Legen Sie die Kreisschablone bzw. den Teller auf den Stoff und übertragen Sie mit einem Stift die Form.
- Schneiden Sie den Stoff ca. 2 cm außerhalb der Kreislinie aus. Den Überstand brauchen Sie als Nahtzugabe.
- Nähen Sie die beiden Stoffteile entlang der gezeichneten Linie mit der Nähmaschine zusammen. Lassen Sie dabei eine Öffnung zum Wenden und Befüllen.
- Wenden Sie das Kissen vorsichtig auf die rechte Seite und befüllen Sie es mit Füllwatte.
- Schließen Sie die noch offene Naht von Hand und sticken Sie das „Mondgesicht" auf.

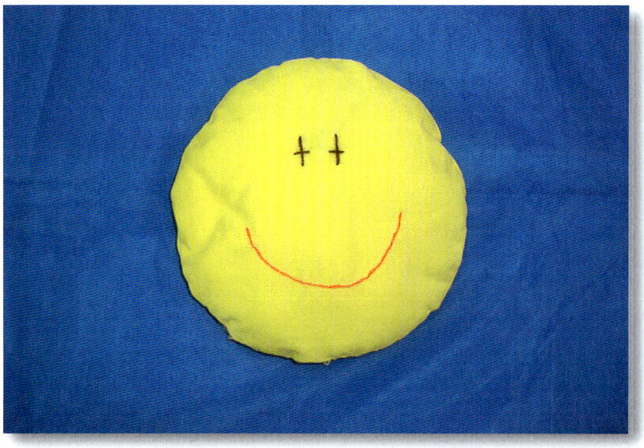

Fertig ist das weiche Kissen, mit dem es sich prima schlafen und kuscheln lässt.